Satsangs Selectos Vol. 1

Luis de Santiago

Dedicado…

A Helena mi amorosa compañera de viaje. A mis niñ@s lind@s Yago, Javi, Cloe y Kayla. Vuestra presencia me hace mas llevadero mi tránsito por esta burbuja que llaman mundo. Os amo.

Prólogo

«Encontré a mi Maestro Luis de Santiago después de muchos años de búsqueda y de haber estado en Satsang con otros famosos Maestros, pero sin que nada de lo que había hecho hasta entonces dejase verdaderamente un poso perdurable en mi vida.

Un día llegó a mis manos un breve escrito de Luis. Aquellas palabras tan claras y directas, totalmente exentas de artificios, me impactaron profundamente.

Entonces, junto a la ardiente necesidad de ponerme en su presencia, apareció también un intenso miedo. Mi *ego* se estaba viendo por primera vez amenazado, y el rechazo a dar ese paso me pareció una señal muy clara de qué eso era lo que tenía que hacer.

Poco tiempo después de empezar a ir a los Satsang de Luis pude comprobar, para mi asombro, que todos los temores que me acompañaban en cada paso que daba en mi vida habían desaparecido por completo. Simplemente ya no estaban. Y poco a poco empezó a crecer en mí esta dicha, este gozo que, sin motivo aparente, impregna todos los instantes de mi día a día.

Había oído hablar de como Ramana y Robert Adams comunicaban en silencio, no lo entendía. Ahora lo entiendo.

No alcanzo a expresar con palabras toda la gratitud que siento por el enorme regalo de disponer de su amorosa presencia en Satsang.»

Javier Lodeiro

Preámbulo

Satsang es Silencio. Un libro sobre el silencio no tiene mucho sentido. Los textos en este libro son la excepción y no la regla en mis Satsangs. Muchos transcurren en silencio de principio a fin.

Las palabras que vas a leer rodéalas de silencio. Lee pausadamente, deja que las palabras te impregnen sin procesarlas. Deja que pasen a través de ti sin tratar de retenerlas, memorizarlas y mucho menos pensarlas.

Las páginas en blanco que vas a encontrar son para recordarte que pares, dirijas tu atención a tu corazón y te sumerjas en él antes de continuar. Allí está el silencio verdadero.

Su lectura nunca va a igualar a la experiencia, ni mucho menos. Pero te puede motivar a acercarte en persona. Espero verte pronto.

Luis

Historia de cómo
Ramana y *Robert Adams*
me encontraron

R ecuerdo un momento, debía de tener unos 12 años y estaba leyendo una enciclopedia (lo sé, yo era un niño muy raro). De repente tuve la impresión de que el mundo en el que estaba viviendo y acerca del cual estaba leyendo no era real, sino algo creado por mi mente. No fue un pensamiento, fue una profunda sensación dentro de mi cuerpo. Me asusté mucho y traté de arrinconar esa percepción, pues pensaba que algo malo me estaba pasando. La sensación se disipó, pero mi vida había cambiado.

A los 18 años, después de un par de años involucrado en política, me sentía muy descontento y empecé a buscar formas de entender el mundo, en vez de tratar de cambiarlo. En aquella época vivía en Caracas. Un amigo me habló de una casa, cerca de mi escuela, donde se estaba empezando a formar un grupo. Organizaban actividades interesantes: teatro, fotografía, serigrafía, etc., y, lo más importante para mí en ese momento… había chicas lindas.

Este grupo, que se llamaba «Síntesis», tenía como líder a un señor de una cierta edad del cual se rumoreaba que había estado en la India. Él a veces hablaba de un santo llamado Ramana Maharshi. Un día cayó en mis manos un libro sobre Ramana. No recuerdo el título, pero mientras leía su complicada prosa me dio la impresión de que Ramana Maharshi me estaba hablando de aquella percepción que tuve a los 12 años.

Varios meses después descubrí que aquel hombre mayor, el líder, practicaba sexo con las jovencitas del grupo como una especie de ritual de iniciación. Una de sus víctimas fue una niña de 14 años de la cual yo estaba loca y platónicamente enamorado. Me enfadé mucho, dejé el grupo y desestimé todo lo que había aprendido en esos meses pues lo viví como un fraude, incluyendo las enseñanzas de Ramana.

Pasaron varios años en los que estuve concentrado en mi profesión, en desarrollar mi carrera. Soy cineasta y fotógrafo. Viví en Inglaterra, Suecia, España y, finalmente, terminé en California. Casado, después divorciado, con dos hijos estupendos y al frente de una exitosa productora de cine que me proporcionaba una vida de abundancia. Pero, dentro de mí, aquella percepción, la que tuve a los 12 años, empezaba a agitarse y amenazaba con cambiar mi vida una vez más.

En 1992 viví un romance con una bella actriz y modelo practicante de lo que se llama el «método Sedona», que empezó a interesarme cuando me enteré de que el creador de dicho método, Lester Levenson, basaba sus enseñanzas en las de Ramana. «¡Aquí estamos otra vez! -pensé- Ramana está llamando a mi puerta». Me integré en el grupo, acudí a los seminarios, retiros y a todas las actividades con la esperanza de conocer a Levenson, considerado una persona «realizada» (*jnani*). No sabía qué significaba ser una persona «realizada», pero sentía que conocerlo podía ser algo importante. La salud de Lester fue menguando, prácticamente no salía de su casa en Phoenix (Arizona) y no llegó a acercarse a Sedona, así que nunca, para frustración mía, llegué a conocerlo.

En 1994, Lester muere y es enterrado en una humilde tumba sin nombre en los terrenos del Instituto Sedona. Yo estaba muy frustrado, el método Sedona me estaba ayudando, pero quería más y creía que conocer a Lester hubiese sido la clave. Ahora ya no estaba. El único *jnani* del que tenía noticias se había ido y mi frustración iba en aumento. Un día, no recuerdo cómo, me encontré conduciendo mi coche hacia Sedona, llegué al Instituto Sedona y me dirigí a la tumba de Lester, un pequeño montículo de tierra en medio del desierto. En un tono de voz que no dejaba duda de mi cabreo le increpé diciéndole: «Tú me metiste en esta búsqueda y ahora no me vas a dejar, te exijo que hagas algo». No sucedió nada, así que volví a mi coche y me dirigí de vuelta a Los Ángeles, con un inmenso enfado.

Dos semanas después, mientras trabajaba en mi oficina, recibí una extraña llamada. Una señora, que me conocía de los seminarios en Sedona, llamaba para preguntarme por la dirección de mi gurú Robert Adams. Le expliqué que yo no tenía ningún gurú y que no sabía quién era Robert Adams. Ella seguía insistiendo en que alguien le había dicho que Robert era mi gurú y que quería su dirección y teléfono. Finalmente, la convencí de que no tenía ni idea de quién era Robert, le pedí excusas por el malentendido y, cuando iba a colgar el teléfono, se me ocurrió decirle: «Sigue buscándolo y, cuando lo encuentres, por favor llámame. Yo también quiero conocerlo».

Dos o tres días después me llamó para facilitarme la dirección del sitio donde Robert daba Satsang, los jueves y los domingos. El domingo siguiente estaba yo allí, sin saber lo que era Satsang o qué esperar de «eso». Así me encontró Robert. En cuanto a la señora… nunca volví a tener noticias de ella.

Cuál fue mi sorpresa al descubrir que el sitio se hallaba a unos 15 minutos de mi casa, en el Valle de San Fernando. ¡Qué conveniente! Llegué a la casa y me senté en el suelo, rodeado por unos 25 devotos que escuchaban una preciosa música (más tarde supe que Robert amaba la música). Tras un rato en silencio, Robert comenzó a hablar, pero yo no podía entender nada de lo que decía. Me sentía muy relajado y, a pesar de no entender nada, no estaba decepcionado en absoluto. Después de unos 20 minutos de charla, llegó el momento de hacer preguntas. Robert contestaba, pero yo seguía sin entenderle. Todos, a mi alrededor, reían y disfrutaban. Luego compartimos la comida que algunos devotos habían traído. Parecían conocerse y yo me sentía aceptado, incluso creo que Robert me miró un par de veces. Cuando el Satsang terminó me levanté del suelo, pero me quedé en el mismo sitio. En ese momento, Robert salió del baño y caminó directo hacia mí, me miró un largo rato, con sus preciosos ojos azules, después me abrazó y se dirigió hacia la puerta rodeado de los que lo despedían.

Fue una experiencia muy agradable, pero no sucedió nada fuera de lo ordinario, excepto por el hecho de que se hubiera fijado en mí. Seguí con mi vida normal los siguientes dos o tres días. Hasta que, mientras me hallaba en la casa de mi novia viendo un partido del campeonato del mundo de fútbol, de pronto una oleada de felicidad se apoderó de mí. Nunca había sentido tal éxtasis y felicidad, y lo extraño era que se producía sin ningún motivo. Venía de dentro de mí y no me lo había producido ningún acontecimiento o placer.

Un puro, absoluto gozo sin ninguna causa se estaba apoderando de mí y lo sentía normal y natural. Desde ese momento empecé a ir a Satsang los jueves y los domingos. La presencia de Robert -sus emanaciones como lo llamaba Ed Muzica- se transferían a mi vida diaria. Seguía un poco preocupado por no poder entender lo que Robert nos decía, así que un día, al final de un Satsang, me arrodillé frente a él y le dije: «Robert, no puedo entender nada de lo que dices». Me miró y con una amorosa sonrisa me dijo: «Bieeeeen». Mi preocupación desapareció por completo y, desde entonces, simplemente me sentaba a sus pies, en silencio. Hasta que, en 1996, se marchó a Sedona. Lo vi por última vez cuando viajó a Los Ángeles para hacerse una prótesis dental. Hubo Satsang en una casa distinta. Al terminar vino hacia mí, puso su dedo en mi corazón y me dijo: «Nunca te abandonaré». En ese momento supe que no volvería a verlo.

21

Mi Experiencia

24

Siempre me ha parecido que no sirve de mucho que los seres realizados describan en detalle cómo fue su «realización», incluso puede que sea perjudicial. La mente crea expectativas y trata de reproducir las experiencias, los fenómenos que ocurren, para engañar, para enredar… En mi caso fue tal la naturaleza de mi experiencia definitiva que dudo que nadie quiera reproducirla.

En 1996, Robert Adams me tenía «cocinado», muy bien cocinado, pero voluntariamente, en ese momento, decidí no dar lo que se podría llamar «el paso final». El porqué y cómo forman parte de otra historia que contaré en su momento.

En el año 2010, a mi esposa Bibiana le diagnosticaron dos tumores cerebrales inoperables y una esperanza de vida de pocos meses. Después de cinco años batallando contra un cáncer de mama, de repente tiene un desmayo en su trabajo y es trasladada en ambulancia a una clínica donde yo ya estaba esperándola. Un par de horas más tarde, el médico me llama aparte para mostrarme los resultados de la tomografía axial computarizada (TAC).

Siempre había creído que esas cosas solo ocurrían en las películas, pero la pesadilla le estaba sucediendo a mi personaje. Lo que sería la peor época de mi vida había comenzado: esa misma tarde tuve que decirle a Bibiana que su vida se estaba terminando.

Después de un mes hospitalizada con cuidados paliativos, y aparentemente restablecida, le dieron el alta. Los médicos me comentaron que no me preocupara, que cuando las cosas empezaran a pasar volviéramos al hospital y ellos se encargarían de todo. Al llegar a casa, Bibiana y yo decidimos que no volveríamos a un hospital, que lo que tenía que pasar sucedería en nuestra casa y lo pasaríamos juntos, que yo la cuidaría.

Con el fin de evitar el drama, ya que esta historia no es acerca de eso, os adelanto el desenlace. Durante 6 meses aparentemente tranquilos Bibiana trabajó y disfrutó de la vida con ciertas limitaciones. Íbamos a diferentes terapias alternativas y manteníamos un hilito de esperanza, confiábamos en un milagro. En agosto, toda esperanza se vino abajo: en cuestión de pocos días el deterioro comenzó con una rapidez inusitada; nos pilló por sorpresa. Recuerdo la tarde en que Bibiana me cogió de la mano, me miró, con pánico en los ojos, y me dijo: «Luis, me estoy muriendo».

Todo sucedió como era de esperar, el deterioro constante y el aumento de su dependencia de mí. En los días finales estaba ciega y no podía hablar, aunque podía oír todas las palabras de amor que le decía; lo sé porque la calmaban. Nunca le hizo falta morfina ni sedantes fuertes. Estaba lúcida. Así que el 7 de diciembre de 2011 tomé su linda cabecita entre mis manos y le susurré al oído: «Bibiana, mi amor, deja de luchar, no vale la pena, yo voy a estar bien y Dios te está esperando». Entendió perfectamente que había llegado el momento de dejarse ir. Pero… esta historia comienza de verdad en el momento en que Bibiana me dijo «Luis, me estoy muriendo». Algo pasó dentro de mí, muy dentro de mí, y pedí, pedí como nunca había pedido. No quería llegar a esa etapa de mi vida creyendo que «Yo» iba a morir. Le pedí a mi *ser* que no me dejara en la ignorancia. Le pedí a Robert Adams que me ayudara. Con una fuerza que me sorprendió, pedí a lo que fuera que no me dejara morir con miedo.

Y como cuando pedí conocer a mi Maestro en la tumba de Lester Levenson, la respuesta no se hizo esperar. El dolor de ver a Bibiana muriéndose aumentó hasta tal punto… Los pensamientos sobre lo que debía haber hecho para ayudarla y los pensamientos acerca de su irremediable muerte y del futuro sin ella aumentaron hasta tal punto… El sufrimiento de mi *ego* llegó hasta un punto en el que no podía sufrir más. Había llegado a mi límite. Y el fusible saltó. Mi mente ya no funcionaba, mi *ego* estalló en mil pedazos.

Empecé a vivir en el presente, segundo a segundo. No había pensamientos y, al no haber pensamientos, no había sufrimiento. Pero eso no fue todo. Las situaciones poseían una belleza inusitada. Lo que me había parecido terrible, injusto, anormal unos días antes, se me antojaba ahora preciosamente natural y fácil, perfecto. Bibiana y yo nos reíamos, nos amábamos. Yo disfrutaba de cada segundo, la miraba y la veía tan bella, tan linda. Cambiarle los pañales, ayudar a la enfermera a asearla, darle de comer, todo lo hacía con una entrega, con un amor tan profundo, como nunca había sentido.

Yo no tenía ni idea de lo que estaba pasando, pensé que me había vuelto loco, que había perdido el norte; sin embargo, no quería cambiar nada. Empecé a vivir una doble vida: con los familiares y amigos actuaba como el Luis de siempre, no quería que se dieran cuenta de lo loco que estaba.

En determinados momentos del día, cuando Bibiana dormía, me sentaba en silencio en mi despacho y me entregaba a eso que no entendía. Desaparecía en un vacío preñado de paz, me entregaba total y completamente. En un principio tuve miedo de desaparecer definitivamente y dejar sola a Bibiana, pero me fui dando cuenta de que ese vacío era sabio y volvía a crear a Luis en el momento adecuado: Luis aparecía segundos antes de que Bibiana me llamara con su campanita; Luis volvía a estar presente justo antes de que la enfermera llegara. Así, con esa confianza, me entregaba al vacío, Luis desaparecía y solo quedaba conciencia pura, percatación sin objeto, sin parámetros, sin conceptos, paz sin límites.

Después del funeral me tocaba ver que quedaría de todo aquello. ¿Desaparecería esa maravillosa locura? ¿Qué quedaría de aquella experiencia? Sorprendentemente la paz y la imperturbabilidad se mantuvieron igual. La sensación de vivir en un sueño, la liviandad que le daba a mi vida esa sensación, más bien esa certeza, de que todo lo que ocurría no era real se mantuvo inmutable.

De forma curiosa apareció un personaje que hacía meses había dado por perdido. Mi *ego*, Luis el personaje, trató de reclamar el terreno perdido. Intentó embaucarme de nuevo, aprovecharse de la situación. Me decía: «Ya lo has conseguido, te has realizado, eres uno de los grandes, uno entre los pocos». Y continuaba diciéndome: «Tienes que salir al mundo, que todos vean lo que has conseguido, empezar a enseñar, eres un Maestro». Pero mi *ego* era tan ridículamente falso, tan desesperadamente inoperativo, que me causaba risa. Era tan divertido observar cómo me bombardeaba con conceptos sobre mis hijos, mi carrera, el futuro…, pero todas esas cosas que antes le habían funcionado ya no tenían sustancia, ya no me engañaban.

Me mantuve tranquilo, dispuesto a aceptar que todo podía ser un espejismo y desaparecer de la noche a la mañana, abierto, sin deseos, entregado y en silencio. No hablé con nadie, ni siquiera con mis amigos realizados. No sentí ninguna necesidad de contar lo que estaba pasando, ¿a quién se lo iba a contar si todo era «Yo»? Pasaba el tiempo, los días, los años, y la imperturbabilidad continuaba. Vivía como siempre, hacía lo mismo, incluso a veces forzaba situaciones para testar, para probar los límites. La paz seguía inmutable, invitándome a la entrega total, sin esfuerzo, con total confianza.

¿Qué es la «no *Dualidad?*»

¿Qué tal os fue vuestra tarde no dual, comiendo tortilla no dual y pan no dual?

No dualidad: ¡suena como algo importante! ¿Qué es la no dualidad? ¡No tengo ni la más remota idea! Muchos creen que la no dualidad es como otro mundo donde las cosas ocurren de una forma distinta. Piensan que hay que obtener una entrada a ese mundo para ver las cosas no duales; que es como otra dimensión. Otros creen que es un premio. Otros que se consigue con trabajo. Una vez un chico me dijo: «No, es que yo me esfuerzo mucho por ser no dual». Me pareció muy interesante eso. ¿Hay que esforzarse por ser no dual cuando todo lo que hacemos, todo lo que somos en realidad existe sostenido por la no dualidad, por eso que llamamos «no dualidad», que en realidad no tiene nada que ver con la no dualidad?

Llamamos no dualidad a algo que no necesita de su opuesto para existir y nos damos cuenta de que todo necesita de su opuesto para existir. Todo, en lo que llamamos mundo, necesita de su opuesto para existir. Es como está diseñado esto que llamamos mundo, lo que los publicistas antiguos describieron muy bien como *yin-yang*. Ese logotipo es el logotipo de la dualidad. Todo necesita de su opuesto para existir y todo se convierte en su opuesto en algún momento. Y toda acción genera su opuesto: es lo que llamamos «el eterno cambio».

Pero hay una sola cosa, y solo una, que no necesita de su opuesto, que es porque *es*. Se trata de eso que llamamos Vacío, Gracia, Consciencia. El vacío no necesita del no vacío para existir. No hay vacío positivo ni vacío negativo. Simplemente existe, *es*, y no cambia. La ley del *yin* y el *yang* no le afecta en absoluto porque no tiene nada que cambiar. Simplemente *es*. No hay que ir al restaurante para comer una tortilla de no dualidad. Estamos comiendo no dualidad todo el tiempo. Estamos respirando vacío; estamos viviendo en vacío; estamos flotando en vacío; estamos trabajando en vacío. Y ese vacío no se inmuta, siempre está ahí. No se mueve porque no tiene adonde moverse. No está formado por pequeñas partículas de vacío que forman un vacío general. ¡No! Es una sola cosa, es un vacío universal, un vacío infinito, único, que no tiene que hacer nada, que no quiere nada, que no busca nada. Y en ese vacío vivimos; en ese vacío flotamos; en ese vacío estamos todo el tiempo. Tortilla o no tortilla, el vacío es lo único que no es dual.

Vamos a ser sesudos. Todo lo dual, las cosas duales, lo que sois, lo que hacéis, lo que habláis, vuestro comportamiento, vuestras relaciones, todo eso es dual. Y en esa dualidad no habéis encontrado lo que estáis buscando porque, si no, no estaríais aquí. En eso, en todas esas cosas duales, no está lo que estáis buscando. ¿Estará en la única cosa que no es dual?

Y digo yo, me pregunto, me parece lógico: «¿Por qué no buscamos ahí?, ¿por qué no buscamos en eso?, ¿por qué no buscamos en la única cosa que no aceptamos como nosotros?». Aceptémosla como «yo». Aceptemos ese vacío como «Yo soy ese vacío». Ese vacío es el único sitio donde no habéis buscado y tiene que estar ahí. No hay otro sitio. No hay ningún otro lugar donde mirar. Y ni siquiera hay que buscarlo, ni siquiera hay que aprender. No hay que hacer nada, simplemente aceptar que vivimos en ese vacío, que estamos todo el tiempo sumergidos en ese vacío y que nosotros somos ese vacío. Empecemos a sentirlo, no solo a ver las cosas, no solo a ver los objetos, no solo a ver los átomos que están flotando en ese vacío, sino ese vacío que todo lo contiene y que le da sentido a todo. ¡Aceptémoslo! Dejad que fluya. Moveos conscientes de que estáis moviéndoos en lo único que no es dual, de que estáis sumergidos en lo único que no es dual y que ya habéis encontrado lo que estabais buscando. Porque en ese vacío es donde está la paz, el amor, la sabiduría que estáis buscando en todo lo demás y que nunca ha aparecido. Está ahí, pero hay que aceptarlo. Hay que aceptarlo como «yo». Eso es lo que yo soy, es lo que fui y es lo que voy a ser. Y no va a cambiar, y no va a mutar, y no va a morir, y no va a nacer porque siempre va a estar ahí. Nunca envejece. Nunca cambia. Ahí está lo que buscáis y lo único que tenéis que hacer es aceptar ese regalo. Aceptadlo porque ya lo tenéis, lo que pasa es que no le estáis haciendo el más mínimo caso. Estáis tan embelesados en el mundo con las cosas, con las hojas de los árboles, con todas las cosas que se pudren, se mueren y que desaparecen, que no le hacéis caso a la única cosa que es infinita y que es donde se halla lo que decís que estáis buscando. ¡Aceptadla! ¡Ahora mismo! ¡Ya!

Y ahora vamos a tomarnos unos minutos, pero esos minutos no van a ser un descanso. Vamos a usarlos para experimentar. Vamos a vernos a nosotros mismos mientras caminamos hacia la cafetería. Vamos a vernos en lo que vamos a tomar. Vamos a vernos en todo ello. Cuando vayamos por la calle no sintamos la acera, sintamos el vacío en que la acera está flotando y démonos cuenta de que ese vacío donde la acera está flotando somos nosotros. Vamos a tomar ese té verde sintiendo el vacío donde el té verde está flotando. Vamos a aceptarlo como nosotros porque el vacío no se puede dividir. El vacío es uno solo y todos somos ese único vacío. Todos somos uno cuando nos aceptamos como vacío. ¡Vamos allá!

La Coruña 7 de Diciembre 2019

Testimonio

«Encontrar a Luis ha sido un regalo que ha llegado a mí en este momento sin buscarlo pero esperándolo durante toda la vida. En Satsang, sus palabras sencillas son perlas directas al corazón. Su presencia silenciosa, es la Luz que me guía en el retorno a casa, a lo que Soy.»

Montse, España

El maravilloso *Virus* de la *Paz*

A veces, en nuestra búsqueda espiritual, tratamos de entender cómo aprender y lo único que tenemos como referencia es cómo se aprende en eso que llamamos el mundo. Se supone que buscamos conocimiento, que tenemos que estudiar, que leer, que tenemos que ir a una buena academia y tener un buen profesor. Ahora bien, la búsqueda de quién somos en realidad no tiene nada que ver con la transmisión de conocimiento. Nada en absoluto. No funciona así.

Si se busca una analogía en el mundo sobre cómo funciona esta búsqueda lo más parecido que he encontrado es que nos queramos contagiar de una enfermedad que creemos que es buena, porque tenemos fe en lo que nos han dicho y hay algo dentro de nosotros que nos dice que esa es la verdad. Por eso, lo que yo diga aquí en realidad no va a servir de nada. Lo que os digo es para manteneros despiertos (risas), ya que si permaneciera en completo silencio durante el Satsang obtendríais el mismo resultado. Así que no os abráis de orejas ni de mente para escucharme, abriros de corazón. Completamente abiertos de corazón es como vais a sacar el mejor provecho de este contagio que puede que suceda. No ocurre siempre, pero puede que sí.

Este contagio funciona igual que un virus. Recuerdo que cuando iba a Satsang con Robert Adams él me contagiaba ese virus de paz, ese virus de felicidad, ese virus de estar tranquilo, ese virus de entregarme. Y me iba a mi casa y empezaban a sucederme cosas. Como en el caso de los virus, mi mecanismo de defensa generaba unos anticuerpos que se ponían a trabajar para destruir el virus de Robert. A estos anticuerpos se les conoce como «la mente». A las pocas horas, a los pocos días, desaparecía el contagio, desaparecía esa maravillosa enfermedad, desaparecía la paz, desaparecía eso que yo estaba buscando y que había encontrado. Cuando esto sucedía, simplemente volvía con Robert Adams, me volvía a contagiar y volvía a pasar por todo el proceso. Pero algo interesante ocurría: cada vez que ese ciclo se daba, los anticuerpos -la mente- pasaban a ser más débiles, cada vez tenían menos fuerza. Hasta que llegó un momento en que perdieron prácticamente su efecto y dejaron de matar a ese virus tan maravilloso del cual nos contagiamos cuando vamos a Satsang y nos ponemos en presencia de un ser realizado.

Y en esto consiste asistir a Satsang. Si venís aquí a oír grandes palabras por mi parte, olvidaos de eso porque no soy tan inteligente. No soy tan listo. Si venís para que os explique por qué todo esto está sucediendo, tampoco, porque no tengo ni la más mínima idea por qué ni me interesa averiguarlo. O sea que este es un Satsang con un «idiota» que no se entera de nada y no quiere enterarse, pero que tiene la posibilidad de contagiar ese virus.

Así que abrid vuestro corazón y sentid el silencio como mecanismo de contagio. Y a lo mejor funciona. No hay ningún Maestro que pueda contagiar a todo el mundo. No existe. Así que abríos y… ¡a ver qué pasa! Tal vez os contagie…

BARCELONA, 18 DE NOVIEMBRE 2016.

Testimonio

«Cuando cocino recetas con la ayuda de libros y videos, sabe diferente que cuando las repara el chef.

Cuando me sumerjo en mí mismo para experimentarme en silencio, es diferente que en Satsang, en presencia de una persona liberada. La persona que ha logrado lo que quiero lograr. Algo profundo se está desarrollando. Se abre, se rinde, se llena y fluye. La identidad de Knut comienza a disolverse. Los pensamientos se callan. Surge la confianza básica en el liderazgo universal y perfecto.

La presencia de Luis de Santiago lo hizo realidad.

Si quieres ser más libre, vive en presencia de un Maestro viviente.»

Knut, Alemania

Ensamblando la Cajonera «*Malm*»

Eso que llamamos «encontrar quiénes somos de verdad, nuestra verdadera naturaleza», lo que algunos llaman «realizarse, iluminarse…», yo lo llamo «liberarse de la esclavitud a la que nos tiene sometidos nuestra mente». Sencillamente eso. Y conseguirlo es como ir a Ikea y comprarse un mueble. Es así de simple (risas). Sí, sí…, no os riais, os lo voy a explicar.

Miramos el catálogo de Ikea, vamos a la página web o directamente a la tienda y vemos un mueble que ya está montado y decimos: «¡Ah! ¡Me gusta! ¡Lo quiero!». Se trata de la cajonera «Malm» de seis cajones, el mueble más difícil de montar de toda la tienda. Pensamos: «Solucionará todos mis problemas, me hará importante».

Y vamos al almacén y nos dan una caja que no se parece en nada a la cajonera que hemos visto, pero nos dicen que está ahí dentro. Regresamos a casa, subimos la caja y la metemos debajo de la cama porque es el único sitio donde cabe. Luego, algo interesante sucede. En vez de ponernos a montar la cajonera, en vez de abrir la caja e inmediatamente empezar a armarla con la llavecita que viene dentro, ocurre algo raro: cogemos el manual de instrucciones y empezamos a leerlo. Le damos vueltas y más vueltas y nos metemos en internet para participar en los grupos de Facebook que se dedican a leer el manual de instrucciones, a estudiar el manual de instrucciones, a discutir los manuales de instrucciones, a comparar los manuales de instrucciones y a compartir pedacitos de manuales de instrucciones porque, además, hay diferentes versiones del manual de instrucciones escritas por diferentes personas que montaron la cajonera, muchos de ellos ya muertos. Internet está lleno de expertos en manuales de instrucciones. Se los saben de memoria. Son la leche, pero en su vida han montado una cajonera «Malm» de seis cajones.

Entonces, leemos todos los manuales de instrucciones que hablan del tema, de montar la cajonera «Malm» de seis cajones. Y así pasamos meses, años, discutiendo, hablando, leyendo y releyendo el manual de instrucciones y comprando más manuales de instrucciones. Pero no nos ponemos a montar la cajonera. Incluso nos enfadamos cada vez que terminamos de leer un nuevo manual y vamos a la habitación y vemos que la cajonera no está montada, que sigue en su caja, debajo de la cama. Y pensamos: «Este manual no sirve. Lo he leído por completo varias veces y la cajonera sigue sin estar montada».

Y aquí, en Satsang, de lo que se trata es de montar la cajonera, por lo menos en mi Satsang. Así de sencillo. En mi Satsang el que no quiera montar la cajonera, el que quiera dejarla debajo de la cama, es mejor que no venga porque lo que vamos a hacer aquí es abrir la caja, sacar todas las piezas, sacar la bolsita con los taquitos de madera, la bolsita con los tornillos, la bolsita de los herrajes, todas las piezas y vamos a dejar la habitación hecha un asco, llena de cosas. Eso es lo que vamos a hacer aquí. No vamos a montar toda la cajonera porque eso requiere un trabajo que vais a tener que hacer vosotros, pero vamos a empezar. Primero vamos a sacarla de la caja, vamos a dejar la habitación invivible y nos vamos a dar cuenta de que ya no podemos meter la cajonera en la caja y volver a guardarla debajo de la cama, aunque queramos. Así, el único remedio que nos queda es montar la cajonera. Es la única solución y eso es lo que vamos a hacer ahora, aquí. Porque, una vez que de verdad nos decidamos a montar la cajonera de forma honesta y sincera, la Gracia nos va a ir llevando paso a paso o nos enviará a alguien vivo que ya haya montado la cajonera para que nos ayude. Y no vamos a necesitar ningún manual de instrucciones.

Gijón, 3 de Febrero 2018.

Testimonio

«Antes había oído hablar de ti,
Ahora, te han visto mis ojos.» *Job, 42*

«Tras muchos años de buscar y leer y viajar...
para seguir buscando...
Por primera vez he dejado los libros a un lado...
los métodos...
me rindo.
Satsang con Luis de Santiago...
contacto directo,
he podido vislumbrar la Gracia...
que estaba aquí...
en mi corazón...
Sin esfuerzo...
me sumerjo en el Silencio.
Ya no necesito ir a ninguna parte...
No hay a dónde ir...
vuelvo a casa.
Luis señala...
la Gracia que está en el corazón...
un paso atrás, más atrás...
Solo queda dar la vuelta y abrirnos...
Todo está bien.»

J.L. Dolz, España

La Partida de *Póker*

Vuestra búsqueda espiritual es como una partida de póker en la que la mente tiene casi todas las fichas. La mente tiene un montón de fichas encima de la mesa, fichas que nos ha estado quitando a lo largo de nuestra vida. Vosotros, cuando empezáis vuestra búsqueda espiritual, empezáis con una sola ficha. Esa ficha es el deseo de vivir en paz, de dejar de sufrir, de dejar de tener miedo. Esa es vuestra única ficha, así que no penséis que en una sola jugada vais a poder quitarle todas las fichas a la mente. Tenéis que ser pacientes y estar tranquilos. Poco a poco, y ficha a ficha, le vais a ir quitando una, y después otra, y otra más. Tal vez os las vuelva a quitar: tenéis cinco fichas y de repente algo pasa, la mente os engaña y os quita tres. No pasa nada. Si seguís jugando ficha a ficha vais a terminar vosotros con todas y la mente con ninguna, ya que esas fichas eran vuestras y siempre lo fueron.

Paciencia, mucha paciencia y amor por uno mismo. Nunca te insultes. Nunca te enfades contigo mismo. Nunca digas qué tonto soy o qué mal lo hice. Mantente tranquilo, que si estás en la mesa correcta vas a ganar la partida.

Y ahora vamos a otra cosa: ¿qué es estar en la mesa correcta? Hay varias mesas en este casino, varias opciones, varios caminos. Hay que ser paciente, pero si llevas treinta años en una mesa y sigues con una sola ficha es que no estás en la mesa correcta. No estás jugando en la mesa correcta. Mucha gente viene a mí y me plantea: «Es que yo llevo treinta y cinco años haciendo esto». ¿Treinta y cinco años haciendo la misma cosa? ¿Y sigues igual? ¿No te das cuenta? La búsqueda espiritual no debería llevar tanto tiempo. Por ponerle una duración, yo diría que se necesitan cuatro o cinco años para conseguir todas las fichas, más o menos. Pero si llevas más tiempo, entonces es obvio que lo que estás haciendo no te sirve.

Tampoco sirve ir de mesa en mesa echando una partida en cada una porque al final también se acaba con una única ficha. Hay que encontrar la mesa correcta y quedarse en ella y ganar la partida. Saltar de aquí para allá no sirve de nada, pero esto es lo que te va a decir la mente: «Viene el Maestro *"Prokupananda"* a Barcelona con una mesa nueva, ¿por qué no vas allí y pruebas?». «Acaba de salir un libro nuevo del Maestro tal o cual, ¿por qué no lo compras? Igual está ahí la clave, el secreto de todo…», etcétera.

Y así vais cambiando de mesa y, al final, termináis con vuestra única ficha gastada, sucia, maloliente. Y esa ficha ya no os sirve para nada porque os habéis metido tantos conceptos en la cabeza, tantas técnicas, tanta basura, que ya no queda sitio para la paz, para el amor, para la sabiduría. Sí, sabéis mucho porque habéis discutido hasta la saciedad. Habéis leído a Ramana Maharshi y a Robert Adams cuatrocientas mil veces de atrás hacia delante y de delante hacia atrás. Os lo sabéis de memoria, pero seguís con vuestra ficha asquerosa. Hay que coger esa ficha y, con un cepillito, limpiar bien la suciedad. Hay que dejar bien limpia la ficha para volver a empezar la partida. Solo que esta vez hay que hacerlo bien porque si estáis en la mesa correcta y lo hacéis bien, en cuatro o cinco años…

No os preocupéis, que si estáis en la mesa correcta vais a empezar a ver resultados mucho antes. No al día siguiente, pero sí bastante pronto. Si lo estáis haciendo bien, en poco tiempo deberíais empezar a notarlo: «Lo que me pasó hoy y cómo reaccioné… hace seis meses no hubiera reaccionado así». De este modo vais a comprobar que estáis avanzando. Muy sutilmente, porque aquí todo es muy tranquilo, muy sutil y muy pacífico, pero lo iréis viendo. Veréis que avanzáis, y cuanto más avanzáis, más os vais a motivar para seguir.

Si no veis el avance, cambiad de mesa. No pasa nada. Total, es el mismo casino.

Barcelona, 29 de Febrero 2020

Testimonio

«Luis es sin duda la persona más importante de mi vida, conocerlo alejó todas las dudas y me centró directo en el corazón. Durante varios años estuve buscando un maestro libre y en vida. Sus palabras y sobre todo su silencio son una espada afilada que va quitando con precisión todo lo que no soy, dejando solo mi naturaleza verdadera.

En el año que tengo asistiendo a los Satsangs de Luis he notado que no tengo urgencias por opinar, puedo permanecer en silencio, los dramas de la vida cotidiana no tienen un efecto profundo en mi, me tomo menos en serio, puedo comprender al otro sin criticarlo y sin esperarlo llegan oleadas de felicidad y paz que me acompañan por minutos, y en ocasiones horas. Siempre que estoy en Satsang con Luis siento que debo de ser la persona más afortunada del mundo por estar en su presencia y estar en la fuente directa de la libertad.»

José Carlos, México

¿Queréis dejar de *Sufrir?*

Hay muchas cosas que nos hacen sufrir en eso que llamamos «mundo», ese sueño que nos rodea. Pero podemos reducirlas a tres grandes áreas donde, si nos damos cuenta y sabemos cómo actuar, el sufrimiento se reducirá muchísimo.

Una de ellas son los demás: querer que los demás sean como nosotros deseamos que sean; querer que los demás hagan lo que nosotros deseamos que hagan; querer que los demás entiendan las cosas como nosotros las entendemos. Eso crea mucho sufrimiento, tanto si los demás son parte de la familia -lo más cercano que tenemos y lo que más nos afecta- como si son los políticos que vemos en televisión o la gente que se cruza con nosotros por la calle. ¿Quién te ha dicho a ti que tú sabes lo que es mejor? ¿Quién te ha dicho a ti que puedes decirle a los demás lo que deben hacer? ¿Quién te ha dicho que tú estás en lo correcto y ellos no? Hay que ser humildes. Hay que concederles a los demás el derecho a ser tal y como son. ¡Es simple! Cada persona es tal y como la Gracia la ha hecho y nadie es más perfecto que el otro. En el mundo, todos los personajes somos imperfectos. Pretender que la gente cambie, querer que nos sigan, formular la famosa frase de «Esto no es normal, ¿por qué hace eso si no es normal?» indica que nos estamos erigiendo en el juez que decide lo que es normal y lo que no lo es. Así, nos reafirmamos como la persona que está en lo correcto mientras los demás no lo están. ¡Hay que parar de hacer esto! Cuanto antes dejemos de hacerlo, el 33 % de nuestro sufrimiento desaparecerá. Simplemente los demás son tal como son.

Otra cosa que produce mucho sufrimiento y que hacemos constantemente es creer que el universo está defectuoso y que nosotros debemos arreglarlo. Que hay cosas que están pasando que no deberían pasar. Que hay injusticias, que hay cosas que cambiar. Que hay que arreglar cosas, que hay que evitar que pasen cosas, que hay que luchar contra determinadas cosas. ¡No hay que hacer nada de eso! El universo es tal y como es. Nada de lo que sucede en él ocurre sin el consentimiento de la Gracia, ni siquiera una hoja moviéndose al viento. Si la Gracia no quisiera, no sucedería. El hecho de que no entendamos el porqué lo único que demuestra es nuestra incapacidad para entender, con una mente limitada, algo que es ilimitado. De modo que hay que aceptar el Universo tal y como es y así eliminamos otro 33 % más del sufrimiento.

Y la tercera cosa que causa sufrimiento es que queremos entender todo, saber por qué pasan las cosas. El ser humano lleva miles y miles de años tratando de comprender el porqué de las cosas: los filósofos, los maestros religiosos, los políticos… Pero nadie lo ha conseguido, ¡nadie!, después de miles y miles de años tratando de entenderlo. ¿Qué nos dice esto? Que no hay lógica alguna detrás del mundo. El mundo «es». Y punto. ¡Dejemos de andar buscando el porqué!

Lo hacemos muy mal. Pensamos: «Me pasó algo. Eso debe ser que la Gracia me está tratando de decir tal cosa…». ¡No! La Gracia no va a tratar de decirte nada. La Gracia no necesita decirte nada. La Gracia no habla. La Gracia simplemente «hace» y todo lo que hace es perfecto. Aceptemos nuestra limitación y aceptemos que no hay ninguna lógica. La lógica es un invento de la mente y, como tal, nos produce sufrimiento. Dejemos de buscarle la lógica a las cosas y el otro 33 % del sufrimiento desaparecerá.

Y la paz aparecerá inmediatamente. Es así de sencillo. No es tan fácil hacerlo, pero cuanto más te sumerjas en ti mismo, cuanto más aceptes que no eres el hacedor y cuanto más te abras a la Gracia, más fácil te resultará dejar de hacer esas tres cosas que producen sufrimiento. ¡Pruébalo!

Madrid, 25 de Enero 2020.

Testimonio

«Luis demuestra, para mí, la Verdad más elevada que está disponible y accesible a través del Silencio. Este Silencio es más verdadero y más profundo que el silencio que es la ausencia de todo ruido.

Es Satsang. Antes de Luis nunca había oído las palabras Satsang o Atma Vichara. Sin embargo, desde que voy regularmente a Satsang con Luis, a menudo me encuentro a mí misma inmersa en Silencio en mi vida cotidiana, desde la mañana hasta la noche. Estoy profundamente agradecida por esta Quietud cada vez más profunda que experimento durante los Satsang con Luis y, más importante aún, mucho después de ellos.

Espero que otros se beneficien tanto como yo de la enseñanza de Luis.»

Jacomina, Canada

La *Suspensión* de la Incredulidad

Hoy vamos a hablar de ciertos temas, de ciertas actitudes que podemos tener y que nos pueden ayudar a entender mejor lo que está pasando, así como contribuir a que nuestro día a día sea mejor, a que lo pasemos mejor, a que estemos más tranquilos y a que disfrutemos más de lo que estamos viviendo.

En medio de toda esta confusión, dentro de esta aparente realidad que nos rodea, que nos engancha y que nos hace creer que es real, que nos hace sufrir, que nos hace llorar y que nos hace reír de vez en cuando, la Gracia, el Ser, el Vacío, no nos deja solos. Normalmente, acostumbra a darnos pistas en este mundo. Nos va colocando ciertas miguitas de Pulgarcito para ayudarnos a volver a casa y, si permanecemos abiertos y las vemos, podemos sacarles mucho provecho.

En mi experiencia, desde más o menos la época en que conocí a Robert Adams, me di cuenta de que muchas de las cosas que nos suceden o muchas de las formas con las que la mente nos engatusa tienen un paralelismo con la informática, con los ordenadores, las computadoras. Si nos detenemos a analizarlo, hay muchas similitudes. El ordenador es para mí como un manual de uso de nuestra mente y hay algo que me llama especialmente la atención. Yo trabajé un par de veces en el diseño de juegos para ordenador.

Fue una experiencia muy interesante, aunque no soy un profesional de la programación. Ahí me encontré con un concepto que me llamó mucho la atención: me refiero a lo que los diseñadores de juegos llaman *suspension of disbelief*, o «suspensión de la incredulidad». Para ellos es una meta a conseguir, sobre todo en los juegos en primera persona en los que uno se percibe como el que está realizando la acción y lo experimenta todo desde su punto de vista. También funciona mucho en simuladores de vuelo, en simuladores de coches de carreras y en todo ese tipo de cosas: *suspension of disbelief*.

La meta de los diseñadores que crean el juego es intentar que todo sea tan real, que los gráficos sean tan reales, que el sonido sea tan real y que las acciones se sucedan a un ritmo tan frenético que desparezca la incredulidad con la que uno se sienta a jugar, esa incredulidad que alerta de que lo que está delante de nosotros es un juego. Si el juego está bien diseñado nos colocará en una situación donde vamos a olvidar que se trata de un juego y vamos a empezar a actuar como si estuviera pasando de verdad. No sé si alguno de vosotros lo habéis hecho o lo habéis tratado de hacer, pero sucede. Llega un momento en que los estímulos ocurren con tal rapidez que dejamos de ser incrédulos, que se nos olvida ser incrédulos y empezamos a sentir, a gritar, a hablar con el ordenador, a hablar con el muñequito que nos está disparando. Perdemos totalmente la capacidad de darnos cuenta de lo que es real y de lo que no lo es. Y cuando un juego logra esto, el diseñador dice que ha conseguido su meta: ha suspendido nuestra incredulidad.

Pues bien, analizando esto me di cuenta de que la forma en que el mundo nos engancha, en que la mente nos engancha, es exactamente igual. La cantidad de estímulos, la calidad de las imágenes que estamos viendo en 3D, el sonido cuadrafónico y la alta resolución, alguien que nos habla con una voz que parece real…, todo eso hace que creamos que lo que sentimos está ocurriendo de verdad. Pero en realidad no lo es: se trata de un juego.

Yo tengo un nietecito adoptado de 13 meses. Él, cuando me mira, no cree que yo sea real. Él me ve y sabe que no soy real. Con el tiempo, cuando vaya a la guardería y empiecen a llegar los estímulos, llegará un punto en que se le suspenderá la incredulidad y empezará a vivir creyendo que todo es real. Esto pasará en algún momento de su crecimiento. Y esto nos ha pasado a todos.

¿Qué podemos hacer? Simplemente, en los momentos del día en que estemos más libres, podemos parar, quedarnos tranquilos y dejar que los estímulos que nos mantienen distraídos y que hacen que creamos se diluyan un poco. Estamos en el autobús sentados y, en vez de estar pensando en lo que pensamos cuando vamos en el autobús, en algún momento, aunque sea durante diez segundos, podemos parar todo y decir: «Esto no es real; parece real, pero no es real», y luego seguir con nuestra vida. Y en otro momento del día lo retomamos y volvemos a empezar. Vamos por la calle, nos paramos en una esquina y volvemos a pensar que «esto no es real». Nunca debemos olvidarlo. No debemos dejar que el diseñador del juego gane la partida y nos haga creer que algo que no es real lo es. Os aconsejo que hagáis esto, a lo largo del día, cuantas veces podáis. Porque cuando nos damos cuenta de que una cosa no es cierta, de que algo no es real, nos deja de afectar, de hacer daño, de molestar.

Haced eso, os lo recomiendo. Siempre que podáis, acordaos de que todo esto no es real.

La Coruña, 21 de Agosto 2016.

82

Testimonio

«Llevaba la mayor parte de mi vida buscando. Pocas de las muchas cosas que hice me permitieron aproximarme a esa "experiencia" para desaparecer al poco tiempo.

Cuando conocí a Luis algo "resonó" en mí de forma clara e inequívoca; a la sorpresa inicial por su simplicidad y ausencia de técnicas, siguió percatarme de que mi corazón se iba abriendo poco a poco, Satsang a Satsang… no era una "experiencia" lo que sentía, es un estado donde no puedo pensar, en el que la mente parece pararse y quedarse tranquila, "casi" en silencio y lágrimas involuntarias resbalan desde mis ojos.»

Fernando, España

Sistemas de *Creencias*

Una cosa que produce confusión y mucho sufrimiento es nuestra capacidad para dar por ciertas cosas que no hemos probado, cosas que nos han dicho. Moldeamos nuestra vida basándonos en una gran cantidad de cosas que nos han dicho pero que no hemos puesto en práctica ni hemos experimentado, comprobado o decidido si son verdad o no. Simplemente las aceptamos. Este comportamiento tiene que ver con la suspensión de la incredulidad. Somos muy crédulos. Nos dicen desde pequeños cosas y las aceptamos. Vivimos en base a ellas y organizamos nuestra vida apoyándonos en ellas. Es hora de empezar a tomar conciencia de todo esto. Empezad a tomar conciencia porque hemos estado viviendo basándonos en las cosas que nos han dicho, en lo que llamamos sabiduría popular, incluso en lo que dice un refrán o lo que dice la televisión. Y pensamos: «Debe ser verdad».

Nos han dicho desde pequeños que la felicidad no es posible, que solamente se pueden tener pequeños momentos de satisfacción, pero… ¿te has puesto a experimentarlo?, ¿te has puesto a buscarlo? Y la persona que te lo ha dicho: ¿se ha puesto a experimentarlo? No. Simplemente está repitiendo algo que le dijeron a él o ella. Y como se lo dijeron, y es muy crédulo, o crédula, cuando te lo dice a ti lo hace creyendo que es verdad. Entonces, tú sientes que esa persona es sincera, que es honesta, que no te está engañando y lo aceptas. De esta manera, se forma toda una cadena de mentiras que estamos constantemente aceptando porque la persona que nos las dice lo hace con toda la buena intención.

Nuestra madre es la primera que nos inculca cosas y nos las hace creer. La mayoría de ellas no son verdad. Analicémoslas, veámoslas, seamos conscientes de ellas, seamos conscientes de todo lo que repetimos a diario que no hemos comprobado, que ni siquiera hemos tratado de experimentar y que simplemente damos por bueno. Somos muy crédulos.

El mundo suspende nuestra incredulidad, como ocurre con los juegos del ordenador. Vivimos en base a esas supuestas verdades, pero tendríamos que empezar a preguntarnos lo siguiente: «¿Cómo sé yo que eso es así?», «¿cómo sé que es cierto?» Y si la única respuesta es «… porque me lo han dicho», inmediatamente poned un signo de interrogación. No digáis que es mentira, pero tampoco creáis que es verdad hasta que lo hayáis experimentado. Ponedle un signo de interrogación. Ponedle un «tal vez». Abrid ese espacio de duda, esa posibilidad de que eso no sea así, porque estamos viviendo en base a creencias.

El universo se creó a partir de un *big bang*. Eso es lo que dicen los científicos. No había nada y de repente explotó algo, de la nada. Y… ¿cómo sabemos que es verdad? Porque lo dicen unos señores que saben mucho y se llaman científicos. Pero el 90 % del conocimiento de estos científicos son ideas que otros han elaborado y ellos nunca han comprobado. Creemos que saben más que nosotros porque hablan en términos que no entendemos, pero el 90 % de sus conocimientos son creencias, igual que las nuestras.

Por tanto, hay que empezar a cuestionarse: «¿Por qué estoy yo diciendo esto?», «¿por qué estoy repitiéndolo como si lo hubiera experimentado, como si hubiera hecho el experimento y lo hubiera probado de una forma, y lo hubiera probado de otra forma, y hubiera llegado a la conclusión de que es así?». ¡Si nunca lo hemos hecho! Somos muy crédulos. Hay que empezar a cuestionarse las cosas, ya que lo que sabemos de verdad es muy poco, muy muy poco.

«¿Cómo sabes que naciste si no estabas allí?». ¿Alguno de vosotros se acuerda? Sin embargo, damos por bueno que nacimos porque existe una señora, que se llama mamá, que nos dice que así fue. Pero tú no lo has comprobado porque no estabas allí en ese momento. Hasta ese punto somos crédulos. Si damos por sentado que el mundo no es real, tampoco los personajes que nos dicen estas cosas son reales. Empezad a cuestionar. Poned una interrogación a las cosas y dejad de vivir en base a suposiciones porque, al final, si seguís ese proceso, vais a daros cuenta de que lo único de lo que estáis seguros es de que existís, de que sois. Es lo único de lo que estáis seguros. El «yo soy» que hemos estado buscando es lo único que es real, lo único que experimentamos a diario, constantemente. Y en el fondo sabemos que es verdad, que es lo único.

En cuanto a todo lo demás, empezad a cuestionarlo.

La Coruña, 21 de Agosto 2016

Testimonio

«Conocí a Luis después de muchos años de búsqueda, y la primera vez que fui a Satsang con él sentí que algo profundo e intenso ocurría en su presencia. La mente se calmaba y dejaba espacio para un sentimiento sencillo de presencia y gratitud.

Además, sus explicaciones desmitifican de qué va todo esto, y me ayudan a darme cuenta cuando el *ego* quiere apropiarse del "proceso espiritual"... y reírme con ello.

¡Rendirse... y dejar que la Gracia haga lo suyo!»

Roberto, España

La Mente y HAL

Un error frecuente en lo que llamamos búsqueda espiritual se da cuando tratamos de encontrar información que nos ayude a liberarnos: una técnica, una enseñanza, una meditación. Pero cuando encontramos esa información, esa técnica, se la damos a la mente para que sea ella quien la use, quien la practique. Pero eso nunca va a pasar porque es precisamente la mente la que nos impide disfrutar de lo que somos y no es fácil salir de ese círculo. Si fuera fácil, todo el mundo sería feliz ya.

La mente es algo cuya función, en principio, era simplemente calcular y recordar. Calcular distancias, trayectorias y direcciones geográficas. Calcular el tiempo, para poder escoger el mejor momento para cazar o el momento correcto para ir a coger agua al río y no coincidir con los leones, que trataban de hacer lo mismo, porque iba a ser un problema (risas). Calcular en qué momento del año plantar y en qué momento recoger. Calcular, en definitiva, ese tipo de cosas simples con el fin de que el ser humano pudiera sobrevivir en su entorno. Y también la mente, en principio, tenía la función de guardar y recordar experiencias que pudieran ser útiles en el futuro. Y así aprendíamos: aprendíamos a cazar, aprendíamos a cultivar, aprendíamos a construir cosas gracias a esa información que habíamos guardado en la mente.

Pero, en algún momento, todo se desmadró y esa calculadora, ese disco duro donde guardábamos las cosas, empezó a decirnos lo que debíamos hacer y a pasarnos el informe de cómo teníamos que sentirnos. Y nosotros empezamos a creerla. Comenzamos a hacerlo y ese fue el error por nuestra parte. ¡Hay que revertir todo esto! Sobre todo al principio, desde el momento en que nos damos cuenta de que la mente es la que nos tiene esclavizados. Tenemos que salir de ahí para empezar a caminar de vuelta a casa, para regresar a lo que somos.

Al principio resulta algo confuso porque estamos acostumbrados a entregarle todo a la mente: «Toma: procésalo y dime. Procésalo y dime. Procésalo y dime». No obstante, en nuestra búsqueda no podemos seguir haciendo esto porque, si lo hacemos, estamos poniendo al zorro a cuidar el gallinero. Y es precisamente ese zorro el que debe alejarse y dejarnos tranquilos. Así pues, cuando queramos profundizar en nosotros mismos, cuando queramos rendirnos, cuando queramos aceptar las cosas tal como son, no lo podemos hacer mentalmente porque no va a resultar. La mente simulará que hace cuatro cosas, nos hará creer que ha hecho algo y nos quedaremos tal como estábamos. Porque otra cosa que hace la mente es defenderse a sí misma, defender el poder que ha conseguido. No lo quiere perder y hará todo lo posible para conservarlo.

La mejor descripción que he encontrado sobre cómo funciona la mente y sus motivaciones está en la película *2001: Una odisea del espacio*. Basada en el libro, con el mismo título, de Arthur C. Clarke, está dirigida por Stanley Kubrick. En ella, una de las subhistorias -la película y el libro tienen varias historias- trata sobre unos astronautas que viajan en una nave espacial a cumplir una misión. A esos astronautas, por supuesto, se les entrenó, se les proporcionó una nave muy avanzada dotada de una potente herramienta para que los ayudara. La herramienta era un ordenador llamado Hal.

El trabajo de Hal era ayudar a hacer cálculos. Ayudar a esos astronautas a pilotar la nave para que pudieran cumplir con su misión. Pero, de repente, Hal empezó a tomarse atribuciones que no tenía. Empezó a tomar decisiones, a manipular a los astronautas para conseguir lo que él, el ordenador, quería. Empezó a hacerse pasar por los astronautas en las comunicaciones con la Central de la Tierra y a mentirles sobre lo que la Central les estaba comunicando y a modificar las órdenes que les enviaba. Esto es, empezó a tomar el control de la situación. Pero los astronautas se dieron cuenta de ello y comprendieron que, para llevar a cabo su misión, tenían que apagar esa herramienta que había dejado de cumplir con su función, que se estaba sobrepasando. La herramienta, Hal, se percató de que los tripulantes querían apagarlo e hizo todo lo que pudo para matar a los astronautas. Su necesidad de control era tal que no le importaba deshacerse de los humanos, a los cuales tenía que servir, con tal de seguir mandando. Después de una serie de situaciones durante las cuales los astronautas estuvieron a punto de morir, al final lograron engañar a Hal y llegar al sitio donde se hallaba el interruptor que lo desconectaba. Una vez apagado lo reiniciaron, le borraron la memoria y, de este modo, pudieron seguir con la misión asignada.

Así, más o menos, funciona la mente. Nos hemos dado cuenta de que hay un observador dentro de nosotros, de que hay un testigo, una consciencia de lo que es el momento. Y esa consciencia sirve para que lo que somos pueda funcionar dentro de esta ilusión que llamamos «el mundo». En nuestra misión, por expresarlo de alguna manera, se nos asignó una herramienta llamada mente cuyo trabajo es calcular y guardar información. Ese es el único trabajo que legalmente tiene la mente: calcular, sumar, restar, multiplicar y dividir. Ayudarnos, por ejemplo, cuando fabricamos una mesa, a tomar las medidas para poder calcular las distancias y ese tipo de cosas. También la utilizamos como memoria cuando necesitamos guardar cierta información para poder usarla después, diciéndole: «¡Guárdamela!»

Estas son las dos únicas funciones que, legalmente, tiene la mente. Lo que ocurre es que, al igual que Hal, la mente ha empezado a tomarse atribuciones que no le corresponden y a hacer cosas que no debería hacer. No me preguntéis por qué la mente empezó no ya a dejar de servirnos, sino a manipularnos y a usarnos para lo que ella quiere. Nos está proporcionando todo el tiempo información falsa sobre el mundo y dándole al mundo información falsa sobre nosotros. Nos está engañando. Estamos siendo engañados por la mente. La mente nos hace creer que es imprescindible para nuestra vida y no es así. Ella es simplemente un instrumento más para ayudarnos.

La mente nos ha dicho -y esto es muy importante- que el observador, que la consciencia, es ella. Y nos lo hemos creído. De modo que la información que recibe nuestra consciencia, automáticamente, se la pasamos a la mente, por costumbre. Lo hacemos mecánicamente, sin ni siquiera plantearnos que lo que estamos haciendo nos perjudica. Hemos creído que quien observa el mundo y quien nos ayuda a interactuar con el mundo es la mente. Y no es así. Es una usurpadora. Lo que necesitamos para interactuar con el mundo está en nuestro corazón. Y el corazón utiliza la consciencia con el fin de que podamos interactuar con el mundo de forma normal, pacífica, amorosa, sabia. Pero hemos creído que es la mente la que debe hacer esas cosas y le hemos dado todo el poder. Así que, ahora, lo que tenemos que hacer es acabar con ello. Debemos encontrar el interruptor que reinicie la mente, que le quite el poder, porque lo que está haciendo no nos está sirviendo. Y el interruptor que apaga la mente está aquí, en el corazón. Por eso, la mente, para defenderse, nos mantiene ocupados y distraídos porque no quiere que miremos dentro de nosotros mismos, para que no hagamos Atma Vichara, para que no enfoquemos nuestra atención hacia donde está lo que estamos buscando.

Así funciona la mente. Solo hay que llegar hasta el interruptor y reiniciarlo todo. A partir de ese momento vamos a poder disfrutar de toda la paz, de todo el amor, de toda la sabiduría que ya son nuestros porque lo único que nos impide hacerlo son las mentiras de la mente.

¡Y no uséis la mente para procesar lo que acabo de decir! (risas).

Sobrado dos Monxes, 8 de Mayo 2019

Testimonio

«Durante el Satsang, Luis guía con su presencia y con su silencio. Te acompaña mientras te adentras en lo más profundo del corazón, en el silencio, en el vacío de ti mismo. En ese lugar donde la mente no puede esconderse y la puedes observar.

Siento que necesito el silencio, cada vez más a menudo, ahí es todo perfección y calma.

La presencia, el silencio y el amor verdadero que veo en él, me recuerda que yo soy lo mismo, que no hay diferencia alguna y que todo en la vida es conciencia infinita.»

María del Pilar, España

Tu «*Amiga*» la Mente

(Largo silencio)

Llevamos ya unos 40 minutos con el Satsang y continuará. Yo no tengo que hacer nada, no tengo que decir nada. Así que dejaré que siga y hablaré sobre algunas cosas que pueden ser interesantes para vosotros, que pueden ayudaros en vuestra búsqueda, que pueden ayudaros a disfrutar un poco más esta vida que vivimos como algo que llamamos realidad y que no tiene nada que ver con Satsang. Pero he de hablar sobre algo para que no os aburráis y os durmáis (risas).

Hablo mucho sobre la mente y sobre cómo ella es el único obstáculo para que nos demos cuenta de quiénes somos en realidad. De hecho, es el principal obstáculo para la felicidad, para estar en paz, para no necesitar nada. Pero pensamos: «Oh, la mente es importante, la razón, el pensamiento. Tengo que pensar mis cosas. Tengo que pensar cómo voy a hacer las cosas. Tengo que pensar en todo».

Permitidme que os lo explique de esta manera. Imagina que tienes un amigo, un muy buen amigo, alguien a quien le confiarías tu propia vida. Y que este amigo, al que amas y en el que confías, te dice que tu felicidad depende de encontrar algo que está en una habitación, detrás de una puerta y que hasta que encuentres eso nunca serás feliz. A continuación, te acerca a la habitación, abre la puerta, te deja entrar y la cierra dejándote dentro. Y comienzas a buscar en la habitación eso que, finalmente, te dará la felicidad. Empiezas a buscarlo y no ves nada, pero sigues buscando y buscando porque confías en tu amigo, porque tu amigo no te va a engañar o eso es lo que crees. Y sigues mirando y buscando. Y llega un punto en el que comienzas a pensar: «He mirado por todas partes en esta habitación. En cada rincón, en cada cajón, detrás de los cuadros que están en la pared, debajo del colchón, debajo de la cama. Por todas partes, muchas veces, una y otra vez, y no encuentro lo que mi amigo me dijo que necesitaba para ser feliz».

En algún momento debes darte cuenta de que tu amigo no es realmente ese querido amigo que tú piensas. De que tu queridísimo amigo te ha mentido y te ha hecho perder mucho tiempo de tu vida buscando algo que no estaba allí. En ese momento, dejas de confiar en esa persona y dejas de ser su amigo. Con la mente sucede lo mismo: la mente te ha dicho que necesitas encontrar algo y te ha dicho dónde buscar. Y tú fuiste y miraste donde la mente te dijo porque confiabas en ella, porque pensabas que era tu amiga. Porque desde que eras muy pequeño todo el mundo te ha dicho que todo depende de la mente y que ella es tu amiga y te ayudará a salir adelante en la vida y a encontrar la felicidad. Y confiaste en la mente y miraste donde te decía que miraras, pero no encontraste nada. Así que, en algún momento, debes darte cuenta de que tu mente no es tu amiga. Tu mente te ha obligado a buscar cosas que no estaban allí, así que debes dejar de escucharla y comenzar a buscar en otro lugar. Eso es todo. Así es como funciona esto. ¡Para y empieza a buscar en otro lugar!

(Largo silencio)

Y me preguntas: «¿Dónde mirar? ¿Dónde mirar ahora? ¿Dónde mirar ahora que ya no confío en la mente?». Te doy un pequeño truco: la verdad está a 180 grados de lo que llamamos *realidad*, a 180 grados de lo que llamamos mundo y a 180 grados de lo que la mente te dice que hagas. Así que, cuando tengas dudas, mira lo que el mundo te dice que hagas, gira 180 grados y corre en la dirección contraria. Funciona siempre.

(Largo silencio)

La mente nos dijo que la felicidad llegará cuando entendamos el mundo, cuando descubramos cómo funciona, cuando descubramos la lógica que hay tras el mundo. Y esa es la mentira más grande de la mente porque el mundo no tiene lógica y nunca la tendrá. Está diseñado para no tener sentido.

Intentamos entender el mundo. Lo intentamos con la filosofía, con la ciencia, con la política, con la religión, con las dietas, etcétera, pero nunca entenderemos nada. El mundo nunca tendrá sentido porque el mundo es aleatorio y está en constante cambio. No se puede entender algo que es aleatorio y que está cambiando constantemente. Nunca lo descubriremos. Nunca lo entenderemos y desperdiciaremos nuestra vida tratando de hacerlo. Cuando creamos que estamos a punto de tener éxito, cambiará para convertirse en algo diferente. Nunca resolveremos esto, así que deja de tratar de entender las cosas, deja de tratar de descubrir la lógica del mundo, deja de tratar de averiguar por qué suceden las cosas en el mundo ya que no tiene ningún sentido y nunca lo tendrá. El mundo no ha de tener ninguna lógica para existir. Está diseñado así, así que… ¡para! No hay nada que entender, nada en absoluto. Ni siquiera en la búsqueda de quién eres realmente. No intentes entender nada. La lógica es un invento de la mente.

"La lógica es un invento de la mente para mantenerte encerrado en la habitación".

DUBLIN, 27 DE SEPTIEMBRE 2016

114

Testimonio

«Cuando conocí a Luis por primera vez en Satsang, inmediatamente tuve un sentimiento de paz, tranquilidad y calma, que fue percibido sin hacer nada por mi parte, sin ningún esfuerzo. Es un bello sentimiento, una sensación de unidad donde no falta nada, donde todo es perfecto y está en el lugar correcto.

Así estuve seguro que había conocido a la persona correcta, y que había encontrado lo que venía buscando.»

Alberto, Italia

Los *Sentidos* y el Presente

Los sentidos son meros receptores que nos permiten tener conciencia de una cosa que llamamos «mundo» a través de la vista, del oído, del olfato, del tacto y del gusto. Son receptores que mandan una información. ¿A quién? A mí, o así debería ser.

Lo que sucede es que en vez de quedarnos con la información que recibimos tal y como es, se la entregamos a la mente y le decimos: «Haz con ella lo que quieras». Y la mente la empieza a analizar, a comparar, a recordarnos el pasado y a proyectarse hacia el futuro. En realidad, no disfrutamos de ninguno de esos sentidos, de ninguna de las cosas que esos sentidos nos regalan porque nos hemos acostumbrado a coger todo y dárselo a la mente. Y la mente lo único que hace es manipularlo para hacernos sufrir. Debemos acostumbrarnos a no hacer eso, pues somos nosotros los que lo hacemos. La mente no puede hacer nada. Somos nosotros los que, por costumbre, por una mala costumbre, entregamos esas experiencias reales a la mente y esta las convierte en pensamiento. Hemos de practicar el no hacerlo para, poco a poco, ir perdiendo esa mala costumbre, como quien deja de fumar. Hay que ir perdiéndola poco a poco. Al principio va a costar, pero es necesario hacerlo.

Una vez que dejemos de entregarle esa información a la mente, vamos a disfrutar de todo en el momento, sin análisis, sin comparaciones. Si hay una flor, simplemente hay una flor. Si escucho música, simplemente escucho música. Si como una fruta, estoy comiendo una fruta. Dejemos ya de comparar: «¡Ay!, la manzana que me comí la semana pasada sabía mejor que esta…». Todo ese juego lo hace la mente para no dejarnos disfrutar de lo que es nuestro, de lo que está puesto ahí por la Gracia para que lo disfrutemos, no para que lo analicemos, no para que lo comparemos, no para que lo manipulemos.

Ahora os propongo un paseo por el monasterio individualmente, para trabajar en esto. Hay un jardín muy bonito en la parte de atrás. Hay pájaros, árboles, estatuas, esculturas, nubes… Hay un montón de cosas con las que podéis practicar.

¡Lanzaos a ello!

SOBRADO DOS MONXES, 22 DE OCTUBRE 2019

Testimonio

«Estar en presencia de Luis es recibir las emanaciones de la Gracia a raudales. Es meditar con inusitada intensidad. Es aprender a abandonarse. Es comprender, integrar, avanzar. Es mutar, transformarse interiormente y mirar el mundo desde una perspectiva nueva. Es constatar como sus enseñanzas simplifican y ordenan la vida. Es iniciar un apasionante viaje hacia la conciencia. Es desactivar el *ego*. Es aprender a morir. Es tener la seguridad de que hay alguien sabio cerca que te impulsa y te guía. Es comenzar, ¡por fin!, la ruta hacia lo que somos en realidad.

Luis de Santiago es todo un ejemplo a seguir que deslumbra, seduce y conmueve. Ser testigo de su humanidad, de su ausencia de miedo y de su total confianza en la Gracia, es todo un privilegio. Ser guiada por una persona realizada es lo más importante que me ha pasado en la vida.»

Valeria, España

Las *Maquinaciones* de la Mente

La mente va a luchar. La mente no se va a quedar tranquila. Cuando ve que está en peligro su dominio, cuando ve que os queréis liberar de la esclavitud a la que os tiene sometidos, no va a dejar que lo hagáis sin luchar. Tomároslo como una señal de que estáis haciendo lo correcto, de que vais por el buen camino. La mente es como un jabalí, y un jabalí es más peligroso cuando está herido de muerte. En ese momento, lo que hay que hacer es subirse a un árbol y esperar a que muera. La mente es igual. La mente, cuando ve que peligra su dominio, es cuando más peligrosa se vuelve, ya que va a hacer todo lo posible para mantener su hegemonía. Tenéis que estar atentos, tenéis que daros cuenta de lo que está pasando y no permitírselo.

(Largo silencio)

Una cosa que hace la mente, y que probablemente os pase porque es muy común, es que cuando ve que estáis constantemente volteando vuestra atención hacia vuestro corazón, cuando ve que estáis poniendo vuestra consciencia en vuestro corazón, crea un observador ficticio, una consciencia ficticia, y la inserta en medio. Si no estáis atentos, vais a tratar de mirar hacia vuestro corazón con ese observador ficticio, con esa consciencia ficticia, que no es sino mente. Y no vais a sentir *bliss*. No vais a sentir paz. No vais a sentir lo que sentís cuando estáis volteando vuestra atención con vuestra verdadera consciencia. Y os vais a asustar. Vais a creer que ya no funciona, que Atma Vichara no hace lo que hacía, que ya no os sentís tan bien. Pero no se trata de eso. Lo que vosotros sois siempre va a estar ahí, siempre ha estado ahí, lo que sucede es que estáis usando ese observador ficticio que no os lleva a ninguna parte. ¿Cómo se soluciona esto? Muy fácil. Como ese observador ficticio lo crea la mente y todo lo que crea la mente, ya sean pensamientos o sentimientos, se disuelve cuando lo observamos, lo que hay que hacer es observar a ese observador ficticio hasta que se disuelva. El observador verdadero no puede ser observado. Es imposible porque él es el que observa. Sin embargo, al observador ficticio sí se le puede observar —así se diferencian el uno del otro—, y se disuelve inmediatamente. No es ningún problema.

(Largo silencio)

Otra cosa que hace a menudo la mente es controlar vuestro *bliss*, controlar vuestra paz. Es muy sencillo. Como lo que sois, esa paz que estáis buscando ya la tenéis, ese amor ya lo tenéis, esa sabiduría ya la tenéis, lo único que os impide disfrutarlo es la mente entrometiéndose, la mente distrayéndoos, la mente haciendo que miréis hacia el otro lado. La mente lo único que tiene que hacer para que sintáis lo que sois, para que disfrutéis lo que sois, es quedarse tranquila por un rato y dejaros que sintáis, permitiros que os sintáis libres. Y después se vuelve a meter porque ella está en el control. Ella es la que decide cuando sentís paz y cuando no. Pero esa no es la forma de conseguirlo porque sigue siendo la mente la que controla. Os da pequeños regalitos para que os quedéis tranquilos. Estáis leyendo un libro y la mente voluntariamente se queda callada y os dice: «¿Ves cómo leer te da *bliss*, leer te hace sentir en paz? No hace falta que hagas Atma Vichara, solamente lee». Y ella está controlando, ella es la que decide, ella es la que apaga y enciende vuestra paz. Pero esa paz no sirve. La mente hace esto con el fin de que sigamos haciendo las cosas que no la perjudican a ella, para que sigamos haciendo las cosas que la mantienen en el control. Y entonces nos regala una limosnita. Nos da una limosna de vez en cuando para que creamos que estamos haciendo algo, pero aquí lo único que vale es sumergirse dentro, en el corazón. Nada de lo que hagáis en el mundo —los libros son del mundo, los vídeos son del mundo— os va a conducir a lo que realmente sois.

(Largo silencio)

Otra cosa que hace la mente, y esto es de una crueldad extrema, es quedarse callada por un largo tiempo, días, semanas. Y uno se siente muy bien. Uno se siente libre.

Uno se siente lleno de amor, en paz, en el presente todo el tiempo, porque es lo que somos. Y entonces empezamos a decirle al mundo: «Me he liberado, soy libre». Y comenzamos a hablar con los demás y a decírselo y compartirlo. Y empezamos incluso a dar Satsang y a aconsejar a los demás. Después, la mente nos lo quita porque era ella la que lo controlaba. Nos lo quita y resulta devastador. Conozco a mucha gente a la que le ha pasado. Amigos a quienes les sucedió. Esto es muy muy cruel. Nos destroza porque creemos que hemos perdido algo que teníamos, pero, en realidad, nunca lo llegamos a tener, siempre estuvo bajo el control de la mente.

Si pasáis por esa experiencia, si os encontráis con esa experiencia, debéis pensar: «Puede que sí, puede que no, puede que ya sea libre, o puede que la mente esté jugando conmigo». Entonces, lo que tenéis que hacer es permanecer tranquilos, disfrutar de esa paz, de ese amor, de esa sabiduría pero tranquilos, sin decírselo a nadie, esperando a ver qué ocurre. Esperad, tened paciencia, aseguraos de que de verdad os habéis liberado y no habéis caído en el juego de la mente. Dejad que transcurra el tiempo. No tengáis ninguna prisa por salir al mundo a tratar de compartir vuestra experiencia. No tengáis ninguna prisa porque puede ser que la mente esté jugando con vosotros. En mi caso particular, en la experiencia que yo tuve, estuve tres años sin decir nada, probando, viendo, esperando a que se fuera en algún momento, esperando que desapareciera. Probando, viendo cuáles eran los límites de mi libertad —si los había— colocándome a propósito en situaciones difíciles, en situaciones conflictivas y examinando cuál era mi reacción, a ver si volvía a reaccionar como antes o si mi punto de vista había cambiado. Experimentando, practicando y disfrutando pero callado, sin prisa.

(Largo silencio)

La mente también juega con nuestro *ego* y nos mete prisa. Nos mete prisa para que lleguemos a ser un «Maestro», para que lleguemos a ser Maestros antes de ser libres. Porque ser «Maestro» es muy *guay*. La mente juega con nuestro *ego* y caemos en eso. Es entonces cuando empezamos a tratar aparentemente de ayudar a los demás, a comunicar. El problema es que, como no somos libres, como no hemos pasado por nuestra propia experiencia de libertad, no podemos hablar de ello y nos dedicamos a hablar de la experiencia de otros. Nos dedicamos a leer a otros Maestros, a discutir Maestros, a interpretar los Maestros a las personas que nos escuchan: «Lo que quiso decir fulano cuando dijo esto, lo que quiso decir cuando dijo aquello, mira lo que dijo aquí, mira lo que dijo allá…». Y sobre todo cuando son Maestros muertos, que no se pueden defender.

Hay mucho de eso por ahí, y estamos ante personas cuya mente jugó con su *ego*. Pero no les sale gratis. El problema está en que, como no son libres, tienen karma. Y cada persona que confundan, cada persona que sufra por seguir sus «enseñanzas», irá en su cuenta. Va en su cuenta todo el sufrimiento que están ocasionando y llegará un punto en que va a resultar imposible que se liberen en esta vida porque su karma estará lleno del sufrimiento de otros. Simplemente porque se dejaron guiar por su *ego*, por su mente, escondiéndose detrás de Maestros muertos que no se pueden defender.

(Largo silencio)

Todas estas maquinaciones de la mente se resuelven muy fácilmente: practicad Atma Vichara, sumergíos en quienes sois, en vosotros mismos. Id al sitio donde la mente no puede ir. Id donde la mente no os puede seguir, donde estáis seguros de que no hay mente y de que todo lo que ocurre allí es verdad. Atma Vichara es la solución a todo porque lo que realmente sois. Es como criptonita para la mente. Y cuando la mente se acerca a tu verdadero ser se empieza a disolver y empieza a morir. Meteos en vosotros mismos, subid al árbol y esperad a que el jabalí muera. Pero hacedlo desde un sitio seguro: vuestro corazón.

La Coruña, 29 de Marzo 2020.

Ser *nada*

Luis de Santiago

Hoy no vamos a hacer nada, vamos a ser *nada*.

Y en ese ser *nada* vamos a observar y vamos a darnos cuenta de cómo la mente nos propone cosas constantemente. Nos va a decir lo que tenemos que hacer, lo que tenemos que pensar, lo que tenemos que juzgar, lo que tenemos que opinar, lo que tenemos que cambiar, a quién tenemos que salvar. Nos va a decir que tenemos que movernos, que tenemos que hacer algo, que tenemos que ir aquí, que tenemos que ir allá… y lo hace con el único propósito de que no podamos ser *nada*, de que no podamos estar en paz. Porque en la medida en que estemos en paz, en la medida en que seamos *nada*, nos daremos cuenta de que la mente también es nada, de que no hace nada, de que todas esas propuestas que nos hace no sirven para nada, de que todo es un juego y de que la mente lo que no quiere es que nos demos cuenta de que ella es prescindible.

También comprobaremos que la mente quiere hacernos creer que ella es importante, que hay que opinar, que hay que saber, que hay que entender, que hay que juzgar, que hay que criticar, que hay que temer. Pero todo eso no sirve de nada. Y en la medida en que seamos *nada* lo vamos a ver con claridad. Por eso la mente no nos deja ser *nada*, por eso no para de sugerirnos cosas, no para de suscitar opiniones, no para de elaborar propuestas, no para de plantear cambios, no para de proponernos cosas que temer. Constantemente. ¿Y qué pasa cuando no le hacemos caso? ¡No pasa nada! Y el hecho de que no pase nada es la paz. La paz que decimos que buscamos.

(Largo silencio)

Y en ese no pasar nada sigue pasando todo: el viento sigue soplando, las manzanas continúan madurando en el árbol, seguimos durmiendo, seguimos despertando, seguimos haciendo el desayuno, seguimos amando a nuestros hijos, seguimos trabajando. Ahora bien, para ello no necesitamos la mente. Nos damos cuenta de que todo sigue igual, de que eso que creíamos que era necesario para que las cosas pasaran —ese juzgar, ese empujar, ese moverse, ese hacer, ese pensar, ese opinar…— no hace falta.

La mente es totalmente prescindible, no pinta nada. Lo único que trata, constantemente, es de hacernos creer que es ella la que hace que todo pase, que es ella la que hace que hagamos el desayuno, que es ella la que hace que amemos a la gente que amamos, que es ella la que hace que el mundo se mueva. Y cuando no le hacemos caso vemos que no pasa nada, que todo sigue igual.

La mente no hace falta para nada.

La Coruña, 5 de Agosto 2017.

La Cajita *mágica*

R ecuerdo que, cuando yo era pequeño, mi madre tenía un objeto que me fascinaba. Era una caja hecha con pedacitos de madera de diferentes colores haciendo diseños. Era muy bonita. Más o menos de este tamaño [Luis lo indica con las manos]. Pero no se podía abrir. Yo le daba vueltas y más vueltas, pero no conseguía abrirla. Hasta que, después de mucho jugar, descubrí que, escondido tras los trozos de madera, había un pedacito que se deslizaba, *clac*…, hasta llegar a un tope. Y ya no se podía seguir. Y la cajita se mantenía cerrada.

En un momento dado me di cuenta —yo continuaba jugando— de que si apretabas uno de los laterales con el dedo podía deslizarse hacia abajo, *clac*…, pero llegaba también a un punto en que no bajaba más y la caja seguía cerrada. Luego descubrí que en el otro lado había otro pedacito de madera que igualmente se movía y que se podía empujar hacia fuera, *clac*…, pero, de nuevo, llegaba a un punto en que ya no se movía más y la caja seguía cerrada. Entonces volví al primer pedacito de madera, lo deslicé e hizo *clac* y se movió otro paso más. Y le di al segundo pedacito e hizo *clac* y también se movió otro paso más. Y fui al otro lado y volví a moverlo e hizo *clac* y avanzó otro paso más. Así, hasta tres veces, en el orden correcto, y la caja se abrió.

Es lo mismo que estamos haciendo aquí. Estamos haciendo Atma Vichara, sumergiéndonos dentro de nosotros mismos. Pero llega un punto en que algo hace *clac*, lo que indica que es el momento de abrirnos a la Gracia, de aceptar las cosas que nos da la Gracia. Y entonces eso va a hacer *clac* de nuevo y, a continuación, vamos a empezar a disfrutar de nuestros sentidos en el presente. Y ahí, algo va a volver a hacer *clac* y nosotros volveremos a sumergirnos dentro de nosotros mismos. Y otra vez algo hará *clac* y entonces volveremos a repetir todo. Y así, poco a poco, la cajita se va a ir abriendo. Eso sí, debemos hacer los tres movimientos: un solo movimiento llega a un punto en que no da más de sí, luego debemos jugar con las tres cosas en el orden correcto.

Son tres cosas importantísimas y las tres están interrelacionadas. Estamos en contacto con nosotros mismos y, al estar en contacto con nosotros, empezamos a ver al mundo no desde la cabeza, sino desde el corazón. Lo disfrutamos más y, al mismo tiempo, nos damos cuenta de que la Gracia nos está concediendo cosas maravillosas todo el tiempo. Y cuando tenemos esas tres cosas, cuando logramos hacer las tres cosas al mismo tiempo, estamos muy cerca. Así que eso es lo que vamos a hacer aquí, en Satsang. Vamos a darle: *clac, clac, clac…, clac, clac, clac…*, hasta que se abra la caja.

Música: Shambo Namah Shivaya

De los tres *clics* de la cajita, en principio, el más importante es Atma Vichara porque es lo que debilita la mente. Atma Vichara es la criptonita que debilita la mente y, al irse debilitando, va a ir aumentando nuestra capacidad de disfrutar de lo que los sentidos nos dan. Tratar de disfrutar de lo que los sentidos nos dan con una mente a toda pastilla, sin haberla debilitado, es imposible. Se puede conseguir durante un ratito con mucho esfuerzo, pero en el momento que uno deja de hacer el esfuerzo, regresa otra vez hasta donde estaba, sin avanzar.

Hacen falta las tres cosas, pero en principio Atma Vichara es lo más importante porque es preciso debilitar la mente para poder abrirse a la Gracia ya que si la mente está fuerte, si la mente está al 100 %, ni siquiera nos vamos a dar cuenta de que nos estamos cerrando a la Gracia, ni siquiera vamos a saber que estamos rechazando lo que la Gracia nos da. A medida que se debilita la mente empezamos a darnos cuenta de las cosas: «Mira cómo estoy empujando, mira cómo me estoy resistiendo». Y así vamos avanzando: *clic, clic, clic; clic, clic, clic…*

Om Shanti Shanti Om

Sobrado dos Monxes, 22 de Octubre 2019

Abrirse a la *Gracia*

Om Shanti Shanti Om

Vamos a concentrarnos en el otro *clic* de la cajita mágica, que en realidad son tres cosas: rendirnos, entregarnos y abrirnos a recibir. Muy pronto os vais a dar cuenta de lo relacionado que está lo uno con lo otro, de que son prácticamente la misma cosa.

Para empezar, vamos a practicar un poquito lo más fácil, que es abrirnos a recibir. Cuando tenemos algo delante de nosotros, como un paisaje precioso o un olor agradable, si no involucramos a la mente simplemente nos expandimos con ello. Es una cuestión natural. Pero en cuanto ponemos a la mente a juzgar, a definir, a buscarle los peros a las cosas, no sucede así. Por tanto, vamos a aprovechar lo que tenemos a mano, por ejemplo unas flores que huelen muy bien, y vamos a empezar abriéndonos al olor de esas flores. En realidad, nos abrimos y sentimos cómo nos estamos abriendo porque es tan maravilloso el olor que no hay ninguna defensa. No puede haber defensa porque lo que estamos recibiendo es perfecto, y entonces nos abrimos a recibir. La mente va a tratar de inmiscuirse, por supuesto, eso no va a faltar. La mente va a intentar buscar la forma de meterse, pero no la dejéis, no le hagáis caso, ¡abríos! Abrirse no requiere ningún esfuerzo. Si sentís que estáis haciendo un esfuerzo es que la mente está participando. Recibir no requiere ningún esfuerzo. Si sentís que estáis haciendo un esfuerzo es que la mente se está metiendo. Simplemente hay que abrirse.

(Largo silencio)

Recibir embriaga porque estamos recibiendo Gracia y nos estamos abriendo a la Gracia. Y eso embriaga.

Ahora quiero que salgáis a los jardines individualmente y os abráis a las cosas que la Gracia ha colocado en ellos. Sin esfuerzo. No me refiero a los coches ni los edificios, sino a los árboles, el sol, el viento, las sombras, los pájaros, los sonidos… Abríos uno a uno a todo ello por vuestra cuenta, individualmente.

(Paseo)

¿Qué tal? ¿Qué tal el colocón? Embriaga, ¿verdad? Y es gratis. Podéis hacerlo cuando queráis (risas). Pero… una sola cosa: os he engañado un poquito. Os animé a abriros a una determinada cosa, en este caso una flor, pero en realidad cuando os abrís a algo os abrís a todo. Ya os lo dije ayer: la Gracia no sabe de un poquito de esto, o un poquito de lo otro. O es todo o no es nada. La Gracia es digital: es o cero, o uno. Cuando os abrís a una cosa os estáis abriendo a todo el universo. Así que vamos a ser ambiciosos y vamos a abrirnos a todo el universo sin discriminar esto o aquello, sin discriminar nada.

Música: What a Wonderful World (Louis Armstrong) / Lo Verás (Chambao)

De la misma forma que cuando nos abrimos a algo nos abrimos a todo el universo, cuando rechazamos algo rechazamos todo el universo. Por eso hay que aceptar siempre todo tal y como viene.

Deberes para hacer en casa: abríos todo el tiempo. Cuando os deis cuenta de que no estáis abiertos, abríos. Dormid abiertos al universo. Despertad abiertos al Universo. Acostumbraros a estar abiertos siempre, de forma que recibáis esas maravillas que tiene el universo para vosotros. Y acordaos de que tenéis que recibirlo todo como un regalo, lo que os gusta y lo que no, porque si rechazáis algo, tampoco vais a recibir nada.

Om Shanti Shanti Om

SOBRADO DOS MONXES, 22 DE OCTUBRE 2019

Rindiéndose al Universo

Durante estos últimos años, en que la mayoría de vosotros ha estado viniendo a Satsang de forma constante, os he recordado la importancia de girar vuestra atención. Hablamos de girar la atención, de dejar de fijarse en el mundo y empezar a fijarse en el mundo de verdad: en lo que tenemos en nuestro interior.

Ahora voy a agregar algo nuevo que es igual de necesario: vamos a aprender a rendirnos. Vamos a aprender a aceptar que no somos nosotros los que hacemos que las cosas ocurran. Yo sé que muchos de vosotros pensaréis: «Pero… ¿qué está diciendo? ¡Si yo soy el que hago que las cosas ocurran! Yo soy el que hago las cosas: yo soy el que salgo de casa, soy el que voy a trabajar, soy el que voy al supermercado, soy el que hago la comida…». Nada de eso es una decisión tomada por vosotros. Sé que cuesta aceptarlo, que cuesta entenderlo, pero es imprescindible hacerlo porque para encontrar la verdad no se puede creer en una mentira.

¿Cómo puedo probar que no sois vosotros, que no soy yo, el que decide las cosas? No puedo. Es imposible probarlo, pero al mismo tiempo es imposible probar lo contrario. Es imposible probar que vosotros sois los que hacéis las cosas. «¡Ah! Pero… yo salgo a la calle, salgo por la puerta y digo: "¿Voy a la derecha o voy a la izquierda? ¡Voy a la izquierda!". Y giro a la izquierda». Puede ser que esa sea tu decisión o puede ser que lo que estaba decidido era que dudaras y que después doblaras a la izquierda, pero no se puede probar. La única forma de probarlo sería rebobinando el tiempo. Sería que pudiéramos decir: «Bueno, voy a hacer esto, voy a tomar esta decisión y voy a ver sus consecuencias. Y después rebobino, vuelvo al mismo punto donde tomé la decisión y tomo la decisión contraria para ver cuáles son las consecuencias». Como esto no se puede hacer, no podemos probar que somos nosotros los que hacemos que las cosas pasen, como tampoco podemos probar que no somos nosotros. Las posibilidades son 50 %-50 %.

Os propongo algo. Durante toda vuestra vida habéis creído que sois vosotros los que hacéis que las cosas pasen, ¿no? Además, todo el mundo piensa así. Y… ¿qué ha ocurrido? Pues que estáis aquí buscando dejar de sufrir, buscando empezar a vivir en paz. O sea, que no ha dado resultado. Habéis probado las opciones que os ofrecía la sociedad, la familia, la educación, todas las opciones que tienen un 50 % de posibilidades de ser reales, de ser verdad. Pero no han funcionado porque, si hubieran funcionado, no estaríais aquí. Porque si fuera verdad que vosotros sois los que hacéis que pasen las cosas, las cosas sucederían como queréis que sucedan. Y no ha sido así. A veces sí que ocurre —una de cada 100 veces pasa—, pero por lo general nunca sucede lo que queremos que pase.

Por tanto, lo que os propongo es que probéis la opción contraria, el otro 50 % de posibilidades. Así de simple, a ver qué pasa. Sencillamente, rendíos. Aceptad que todo lo que está pasando está pasando porque sí; de la misma forma que los planetas se mueven por el universo; de la misma forma que las galaxias hacen todo lo que las galaxias hacen. Ninguna galaxia piensa lo que debe hacer. Ninguna toma una decisión cada mañana para ver si va a la derecha o a la izquierda porque todo está fluyendo de una forma determinada y todo el universo lo acepta, excepto los seres humanos. ¿Y quiénes son los que sufren en el universo? Los seres humanos. Los únicos que creemos que somos nosotros mismos quienes tomamos las decisiones.

Esto no quiere decir que nos vayamos a sentar en casa sin hacer nada, a esperar que vengan ángeles a traer la comida para nuestros hijos o el dinero de la hipoteca. Nada de eso, no. Tenemos que seguir haciendo lo mismo que hemos estado haciendo, pero aceptando que no lo decidimos nosotros, de la misma forma que un planeta se mueve sin haberlo decidido.

Tenemos que hacer lo que hacen los animales: todos los días buscan comida, procrean y alimentan a sus cachorros. Todo esto lo estamos haciendo y debemos seguir haciéndolo, pero siendo conscientes de que esa coreografía no la decidimos nosotros, de que esos movimientos que hacemos a lo largo del día no son decisiones nuestras. La mente nos dice que sí, la famosa mente de la que tanto hablamos. La mente nos dice: «Sí. Eres tú. Eres tú el que tiene que decidir. Eres tú el que tiene que pensar. Eres tú el que tiene que hacer». Probad a no hacerlo así y veréis que todo sigue igual, que seguís trabajando igual, que seguís haciendo la comida igual: seguís haciendo todo igual pero desde una fuente distinta. Probadlo, porque la opción contraria no os ha dado resultado.

Y en eso consiste rendirse: en aceptar total y plenamente que yo no soy el hacedor, que no soy más que una marioneta y que la Gracia hace lo que quiere conmigo. Y disfrutadlo, porque cuando uno se deja guiar por la Gracia hace cosas preciosas con su vida y vive tranquilo. Vive en paz. ¿Qué pasa cuando la marioneta cree que es ella la que tiene que moverse? Que empieza a hacer cosas que no debe, que empieza a enredarse en sus propios hilos y termina atada de pies y manos. Eso es lo que nos pasa a nosotros y por eso estamos aquí. Porque somos como marionetas que piensan que son ellas las que mueven los hilos.

Somos meros actores. Estamos interpretando un papel y no somos el director. No somos el productor, ni tampoco el guionista: es la Gracia quien lo hace todo. Nosotros somos actores. Nos dan un papel que cumplir y debemos hacerlo con todo nuestro amor, con toda nuestra energía, con todo nuestro corazón. Pero ese papel no lo hemos escrito nosotros. En el momento en que empezamos a tratar de escribirlo, o de cambiarlo, o de decidir es cuando las cosas empiezan a ir mal en nuestra vida. Es cuando empezamos a sufrir porque estamos yendo en contra de todos los demás bailarines de la coreografía y nos estamos tropezando con todos ellos porque no estamos siguiendo el guion que nos han dado. El guion que ha escrito el mejor guionista del universo, que ha dirigido el mejor director del universo y que ha producido el mejor productor del universo.

Lo único que debemos hacer es interpretar nuestro papel. Pero, para ello, primero tenemos que rendirnos porque vivimos creyendo constantemente que somos nosotros los que debemos tomar las decisiones para que las cosas pasen, los que tenemos pensar y decidir todo. Y eso crea una gran tensión. Vivimos a la defensiva porque lo que nos dice la mente acerca de que tenemos que darle vueltas a las cosas, que tenemos que luchar, que tenemos que hacer algo, que tenemos que buscar la forma o que tenemos que tomar las decisiones lo único que produce es sufrimiento. En definitiva: nos estamos responsabilizando de algo en lo que no tenemos ninguna responsabilidad. Y cuando las cosas no salen según el pequeño guion que nos hemos escrito a nosotros mismos, nos echamos la culpa: «Es que no lo estoy haciendo bien. Es que no he tomado las decisiones correctas. Es que no he hecho esto. Es que soy un fracaso como pareja. Es que soy muy mal trabajador. Es que no he salido adelante en mi carrera…».

Todo eso ha ocurrido porque, en vez de seguir el guion del mejor guionista del universo, has tratado de cumplir el pequeño guion que te ha dictado la mente. Cuando empiezas a interpretar tu papel todo empieza a funcionar porque entras en un ritmo perfecto con todo el universo. Y ese director -ese guionista, ese productor-, lo único que quiere es que dejes de sufrir. Lo único que quiere es que disfrutes de la paz que eres, que te des cuenta. Y es lo único que quiere porque nos ama, porque somos nosotros mismos amándonos a nosotros mismos.

Pero nuestro *ego* se niega a aceptar una cosa tan simple. Se niega rotundamente. No solo considera que no existe nadie mejor que él para tomar esas decisiones que, al parecer, debemos tomar, sino que va todavía más allá y trata de hacer que los demás adopten las decisiones que nuestro *ego* desea. Por eso tratamos de decir a los demás lo que tienen que hacer, cómo tienen que vivir, cómo han de organizar su vida. Queremos manejar la vida de nuestros hijos y la de nuestros padres. Ni siquiera nos conformamos con estropear nuestra propia vida, también queremos estropear la de los demás.

Si al menos pudiéramos decir: «Mira, yo soy feliz y te voy a decir lo que debes hacer para que tú también seas feliz…». Pero no podemos decir esto porque no somos felices. Además, ninguna persona feliz se atrevería a decirle a otro ser humano qué es lo que debe hacer. Ninguna persona libre se atrevería a quitarle la libertad a otro ser humano. Sin embargo, lo hacemos constantemente, constantemente, a nivel familiar y social. Todo el mundo nos quiere decir cómo vivir, qué hacer, qué comer, cómo comportarnos. Vivimos en un mundo donde todos saben lo que los demás deben hacer, pero donde nadie es feliz.

Nos pasamos la vida tomando decisiones que no sirven de nada: «Tengo que llegar a tal sitio; tengo una reunión; ¿y si giro por aquí?, ¿y si hay tráfico allí?; ¿y si giro por allá?, ¿y si hay un accidente allí?; ¿y si tomo la M-40 y pasa esto?; ¿y si llueve?, ¿y si no llueve?». ¿Para qué todo eso, si al final vas a llegar a la hora que vas a llegar porque no eres tú el que lo decides? Porque eso ya lo decidió el universo cuando se creó: que tú ibas a llegar a determinada hora a ese sitio, a veces a tiempo, a veces con retraso y a veces con antelación. No lo decides tú. Al final, lo que decide el universo es lo que va a pasar y, por mucho que quieras cambiarlo, no lo vas a cambiar. Pero como no podemos rebobinar y probarlo lo único que queda es aceptar lo que el universo decida y ver qué pasa cuando lo hagamos, ya que, además, no hacerlo conlleva que, cada vez que no salga nuestro pequeño plan, nos machaquemos y nos echemos la culpa: «Debería haber hecho esto, debería haber salido 5 minutos antes, debería haber dicho esto, no debería haber hecho aquello…».

Todo eso es desamor: estamos negándonos amor. Y si nosotros nos negamos amor, ¿por qué nos lo va a dar el universo si lo primero que debemos hacer es aceptarnos tal y como somos, exactamente tal como somos, y amarnos? Después de todo, no nos hemos hecho a nosotros mismos. A mí nadie me preguntó cómo quería ser. A vosotros… ¿os lo preguntaron? ¿Verdad que no? Entonces no hay ninguna responsabilidad. Yo soy así porque soy así, y punto. Y no hay que asumir una responsabilidad que no nos corresponde, lo cual conlleva aceptar que soy como soy, que el universo me ha creado así. El hecho de que yo no lo entienda lo único que demuestra es la limitación de la mente para tratar de encontrar razones, para averiguar el porqué de las cosas.

Las cosas son así porque *son*. El universo es así porque *es*. El universo es así. Punto. Y nosotros somos así y debemos amarnos tal y como somos porque todo lo que hace el universo es perfecto. Cuando al universo le dejamos hacer todo es perfecto: las manzanas nacen perfectas en el árbol, las estrellas se mueven en perfecta combinación. A veces chocan y se destruyen, pero eso es parte del guion, no es una cosa que haya que evitar, no es una anomalía del universo. No. La creación y la destrucción forman parte de la vida y hay que aceptarlo tal como es, ya que no podemos aceptar lo que nos gusta del universo y rechazar lo que no nos gusta. O lo aceptamos todo, o no estamos aceptando nada y seguimos creyendo que nosotros, algo tan insignificante como el ser humano, podemos cambiar lo que sucede.

Estamos en esto constantemente. ¡Constantemente! Nos decimos: «Vamos a enseñarle al universo cómo se hacen las cosas». Eso es lo que estamos haciendo constantemente y supone muchísimo trabajo. ¡Parad! Si no sirve de nada. Y… ¡cómo cansa! (risas). Yo, cuando trataba de cambiar el universo, ¡cómo trabajaba! Para nada, porque no cambió nada. Todo sigue funcionando igual y todo sigue funcionando perfectamente.

Cuando dejamos de luchar empiezan a suceder cosas maravillosas a nuestro alrededor. Pequeños milagros. Aparecen sitios donde aparcar inmediatamente, (risas). ¡Son regalos! Regalos que nos está dando el universo todo el tiempo. Ahora bien, como nosotros tenemos un pequeño guion y queremos seguirlo, no le permitimos al universo que nos los dé. Le estamos diciendo: «¡No! Yo quiero mi pequeño plan».

La raíz del sufrimiento es eso: querer seguir nuestro pequeño plan y, tercamente, nunca rendirse.

MADRID, 15 DE NOVIEMBRE 2019

165

Vivir sin planificar

B uenos días a todos, os doy la bienvenida con todo mi corazón.

Muchas veces os he hablado de la cajita mágica. ¿Habéis leído algo sobre la cajita mágica?

Atma Vichara (o autoindagación) es lo más importante que tenéis que hacer. Estar con vosotros mismos, estar desde donde sois de verdad es lo más importante. Ahora bien, hay otras dos cosas que es necesario hacer para que la cajita mágica se abra, y están estrechamente relacionadas: una es rendirse y la otra es abrirse a recibir.

Una forma que tiene la mente de manejarnos y causarnos un sufrimiento constante es convencernos de que tenemos que llevar a cabo un plan, de que tenemos que planificar. Entonces nos dice una serie de mentiras, como que todo se puede conseguir, que todo lo que uno quiere se puede conseguir, que lo que debemos hacer es trabajar y luchar por ello. Y nos dice que debemos planificar nuestra vida porque, de lo contrario, no habrá futuro. Parece como que, si no hubiese un plan para el futuro, el futuro no fuese a pasar. Y nosotros nos lo creemos. Y la mayoría hemos elaborado un plan para nuestra vida, pero, a estas alturas, nos hemos dado cuenta de que el plan no ha funcionado. A lo mejor, algunos pequeños detalles del plan sí funcionaron, pero el plan en general no funcionó ya que no es cuestión de que nosotros decidamos nada. No tenemos esa capacidad. Es cuestión de que aceptemos lo que nos toca vivir. Esto no quiere decir que la Gracia haya hecho un plan que sea más importante que el nuestro. La Gracia no hace ningún plan, simplemente nos suelta en el universo, como suelta al sol y a las galaxias. Cada uno de estos cuerpos celestes tiene su sitio y encuentra su órbita, su camino. Unos tardan más en recorrer la órbita y otros tardan muy poquito. Unos tienen muchos satélites, otros no los tienen. A cada uno le ha tocado lo que le ha tocado, y todo funciona en orden.

La forma de contrarrestar esa mentira, ese plan que nos hemos trazado, consiste simplemente en coger y tirarlo. Y esto se hace primero rindiéndose, dándose cuenta de que «esto que estaba en mi plan no era para mí», «esto que yo quería tanto y que creía que iba a obtener no es para mí». Y en el momento en que te rindes, te abres. Porque hace falta hacer las dos cosas: rendirse y no volver a hacer otro plan. Y, además, no volver a pedirle a la Gracia que te dé cosas. ¡No! Te rindes y te abres para que la Gracia te dé el regalo que tiene para ti, porque la Gracia tiene constantemente regalos para ti. Lo único que hace falta es dejar de mirar tu plan y simplemente abrirte. Abrirte a lo que sea.

Te puedes proponer pequeñas tareas a lo largo del día: «tengo que hacer esto…», «tengo que hacer aquello…». Pero si estas pequeñas tareas no se cumplen, simplemente hay que rendirse y hacer otra cosa. Una tarea podría ser, por ejemplo, hacer una *caldeirada* de merluza. Llego a la pescadería, pido al pescadero una merluza y este me dice: «Acabo de vender la última». Tenemos dos opciones. Una es decirle: «Ah, vale, ¿a cómo están esos lenguados?» y cambiar la receta. Con un lenguado no se puede hacer *caldeirada*, pero se pueden hacer otras recetas. La otra es hacer todo lo contrario y pensar: «¡He llegado tarde! ¿Por qué no vine antes?». Y empezar a flagelarte, que es lo que quiere la mente, y a insistir: «¿Por qué?, ¿por qué? Yo lo que quería era la *caldeirada*». Y te pasas todo el día pensando en la *caldeirada* que no pudiste hacer, cuando la Gracia te estaba presentando todo tipo de pescados para preparar cualquier otra cosa. Esto lo hacemos constantemente. Sin embargo, si te rindes, en ese momento te olvidas de la merluza y vas a otra cosa. O te vas a la frutería y compras lo necesario para hacer una ensalada, sin ningún problema, sin conflicto y, muy importante, sin flagelarte. No fue un error tuyo el hecho de que llegaras tarde a la última merluza. Sencillamente es lo que el universo hizo. Es lo que pasó y, al abrirte, simplemente aparecen nuevas opciones.

Estas dos cuestiones, insisto, son fundamentales. Porque si haces Atma Vichara y sigues con el pequeño plan que te hizo la mente, una cosa contradice a la otra. Tienes que hacer Atma Vichara y, al mismo tiempo, rendirte, aprender a rendirte, ya que muchas veces no sabemos rendirnos. Y también tenemos que aprender a abrirnos a recibir los regalos que no estén en la lista, porque incluso al abrirnos a recibir regalos queremos recibir un regalo concreto. Y esto no funciona así. Si lo probáis, os vais a dar cuenta de que todo al final es perfecto. No estaba en el plan, pero es perfecto.

Os cuento una historia. Yo, cuando era joven, tenía un plan: quería ser cantante de ópera. Me encantaba la ópera. Mi padre era un amante de la ópera y yo crecí oyendo ópera, y me encantaba. En aquel entonces pensaba: «Ah, en mi plan, quiero ser cantante de ópera». Y me matriculé en una escuela de canto, pero muy pronto me di cuenta de que trabajaba mucho más que otros compañeros, practicaba mucho más y no lo hacía tan bien como ellos. Ellos, prácticamente sin hacer nada, lo hacían mucho mejor que yo. Y algo se abrió en mí y pensé: «Será que no puedo ser cantante de ópera», e inmediatamente me rendí, de manera espontánea.

Más o menos al mismo tiempo encontré un grupo juvenil en el que me involucré. Tenían un taller de fotografía e ingresé en él. Nada más empezar me di cuenta de que todo lo entendía a la primera, que todo me salía bien, que los mejores ejercicios eran los míos, que tenía un talento innato para la luz, para el encuadre. Hasta tal punto que, a los seis meses, yo era el profesor de ese taller de fotografía. Y ahí empezó una carrera que duró cuarenta y cinco años de satisfacciones, de expresarme artísticamente y de ser muy feliz con mi trabajo. Si me hubiera emperrado en ser cantante de ópera habría sido muy mal cantante, habría estado frustrado constantemente y me hubiera costado mucho vivir y ganarme la vida porque seguro que hubiese sido muy malo. Me rendí y apareció otra oportunidad. La Gracia me la puso delante y fue lo perfecto. Y esto lo he seguido haciendo a lo largo de mi vida con otras cosas que me han ido pasando.

Cuando notes que te cuesta esfuerzo conseguir algo es porque no es para ti. Cuando estás recibiendo lo que la Gracia tiene para ti, resulta fácil. Aunque la mente, a través de la sociedad, nos diga tonterías del tipo: «Si no es con esfuerzo, no vale la pena. Las cosas que no requieren esfuerzo, no merecen la pena…», eso es mentira. ¡Es todo lo contrario! Cuando estás haciendo lo que tienes que estar haciendo, todo sucede sin esfuerzo. Por eso, cuando en algún momento de vuestra vida, al llevar a cabo algún plan, sintáis que estáis empujando o haciendo un esfuerzo, es que estáis nadando río arriba y no vais a llegar a ninguna parte.

Abríos, girad en el río, dejaos llevar y veréis que, más abajo, la Gracia ha puesto algo para vosotros que es lo perfecto. ¿Y cómo nos rendimos? Hay que abrir los brazos y decir: «Que sea lo que sea». Rendirse y abrirse es prácticamente la misma cosa.

(Largo silencio)

Más adelante, en mi vida volvió a suceder algo parecido. En esa maravillosa carrera que viví me puse una meta: ganar el Óscar a la mejor fotografía. Fui a una escuela de cine, una de las mejores del mundo, en Londres. Luego me mudé a Hollywood. Empecé por abajo y fui subiendo, subiendo, subiendo… Pero llegó un momento en que me di cuenta de que no era tan bueno como para ganar un Óscar. Era muy bueno, muy buen profesional. Tenía muchísimo trabajo y ganaba muchísimo dinero, pero no era lo suficientemente bueno como para ganar un Óscar ni estaba dispuesto a trabajar tan duro como era necesario. Y me rendí.

Al poco tiempo, Ramana Maharshi volvió a aparecer en mi vida. Después, apareció Robert Adams y empezó a manifestarse lo que de verdad estaba buscando, lo que me llamaba, lo que realmente ansiaba: no era la carrera ni el éxito, era encontrarme a mí mismo. Y si yo me hubiera empeñado en ganar el Óscar, no lo hubiera conseguido y hubiera perdido el tiempo. Tras rendirme, se me abrió una experiencia nueva muchísimo más importante que mi carrera, muchísimo más importante que mi plan.

(Largo silencio)

En mi último viaje a México, cuando yo concedía entrevistas personales, vino a hablar conmigo una chica española. Me vino a contar su plan, que era que ella desde pequeña quería ser actriz. Era una chica muy guapa, daba el tipo para ser actriz. En España ya lo había estado intentando. Como no lo consiguió, decidió mudarse a México porque creía que allí habría más campo y menos competencia. Pero llevaba tres o cuatro años en México y le estaba pasando lo mismo: lo seguía intentando una y otra vez, haciendo *castings* sin éxito. Yo le dije lo mismo que os estoy diciendo a vosotros: que, a lo mejor, por mucho que tuviera un plan desde pequeña, por mucha ilusión que le hiciera ser actriz, a lo mejor lo que pasaba es que eso no era lo que tenía hacer. No volví a saber de ella. No le gustó la respuesta que le di. No le gustó la explicación. Lo que ella quería es que yo le diera una fórmula mágica para que su carrera, de repente, despegara, porque mucha gente cree que la espiritualidad es para conseguir cosas. Piensan que la espiritualidad es aprender a pedir cosas. Creen que no están pidiendo las cosas bien y que hay una forma de pedirlas correctamente para obtenerlas.

Y no es así. Por eso dejé de hacer entrevistas personales, porque las personas acudían a mí para contarme sus problemas, para que les diera una solución. Y la solución que les daba nunca les gustaba.

(Descanso)

De las tres cosas de las que os he hablado -Atma Vichara, rendirse y abrirse-, la fundamental es Atma Vichara: sumergirse dentro de uno mismo. Esa es la base del edificio porque, para poder rendirte, tienes que rendirte desde tu propio ser. No puedes rendirte mentalmente porque la mente no quiere que te rindas. Así pues, primero debes encontrar ese punto desde el cual te puedas rendir. Tampoco te puedes abrir mentalmente. No te serviría de nada porque le estarías dando eso a la mente para que hiciese con ello lo que quisiese. Lo fundamental, la base, es sumergirte en ti mismo, separarte de la burbuja y, desde ahí, rendirte y abrirte. Es muy muy simple. Es totalmente natural.

(Largo silencio)

Atma Vichara, rendirse y abrirse. Con estas tres cosas no os vais a liberar porque vosotros no sois los que os liberáis. La libertad es un regalo de la Gracia y hay que estar abierto a ello, pero ninguna acción que hagáis os va a liberar porque no sois el hacedor. Eso sí, practicando

Atma Vichara, rindiéndoos y abriéndoos a los regalos de la Gracia vuestra vida va a mejorar, tanto vuestra vida personal como vuestra vida laboral, la relación con vuestros hijos, la relación con vuestra familia y con vuestra pareja. Hacer Atma Vichara, rendirse y abrirse aceptando lo que viene son prácticas que van a funcionar, en especial en vuestra búsqueda espiritual.

En particular, en lo que se refiere a vuestra búsqueda espiritual no hagáis un plan. No os pongáis una meta, porque así estáis tratando de ser el hacedor y no va a funcionar. Haced Atma Vichara, rendiros y abriros y la Gracia en algún momento se va a manifestar en toda su maravillosa belleza. Sobre eso no tengáis dudas, pero no hagáis planes.

(Largo silencio)

Esta es la canción que más ponía Robert Adams en sus últimas semanas en este mundo:

Música: Always on My Mind (de Willie Nelson).

Iros en paz. Os amo incondicionalmente.

Om Shanti Shanti Om

La Coruña, 23 de Agosto 2020.

¿Qué te impide ser *libre?*

Om Shanti Shanti Om

Todos vosotros ya lleváis tiempo viniendo a Satsang conmigo. Lo que hemos estado haciendo hasta ahora sigue siendo lo principal, la base, el fundamento del edificio que estáis construyendo. Pero en este retiro voy a ir más allá. Voy a tocar puntos más avanzados, por decirlo de alguna forma, porque esto no es un cursillo, ni es un curso de verano de la universidad ni nada de eso. Pero sí que revisaremos ciertos detalles que no son tan importantes como hacer Atma Vichara, como rendirse, o como abrirse a la Gracia; que no son tan importantes como venir a Satsang y poneros en mi presencia, pero que pueden ayudaros desde el punto de vista práctico.

Yo siempre he tratado de ser práctico porque al principio, cuando la Gracia empezó a llevarme a un punto desde el cual me di cuenta de que me tocaba empezar a compartir esto con otras personas, lo que hice fue indagar sobre qué estaban haciendo otros Maestros Advaita y de otras disciplinas. Un poquito, simplemente para ver en qué podía yo ayudar. Enseguida me di cuenta de que había muchas palabras bonitas, muchas historias maravillosas, pero también me di cuenta de que lo que no explicaban esos Maestros era cómo conseguir la libertad. Eran solo palabras. Muchos de ellos, siendo realmente

Maestros, hablaban de lo bien que uno se siente al estar realizado, pero no enseñaban cómo lograrlo.

Robert Adams lo explicaba y decía: «El Maestro no puede estar en la cima de la montaña y decir: "subid, subid, que aquí os lo vais a pasar en grande, lo vais a pasar *pipa*, subid, subid"».

Robert decía que el Maestro debe de estar dispuesto a bajar al pie de la montaña, ayudarte e indicarte la ruta, porque el camino hacia la cima de la montaña está lleno de encrucijadas que no conducen a ella. Un buen Maestro, un Maestro útil, tiene que estar dispuesto a hacer eso, ayudarte a subir: «Vamos por aquí, no te metas por ahí, vamos aquí, vamos allá», porque andar comentando lo *guay* que es solo funciona en parte. Bueno, en realidad, no funciona decir lo *guay* que es, pero lo que sí funciona es estar delante del Maestro. Esa es la parte que funciona. Para oír esas palabras maravillosas te pusiste delante de él, y esa parte funciona siempre. El resto son meras palabras.

Recuerdo que incluso llegué a leer un par de pequeños textos y que mi reacción fue: «¡Pero si esto no dice nada!». Y los volví a leer y pensé: «¡No están diciendo nada!». Y después comprobé que los que los leyeron habían escrito: «Oh, qué maravilla, qué maravillosas palabras», «cuánto sentido tienen», «me han llegado al corazón». Y me di cuenta de que se producía como una especie de juego.

¿Conocéis el cuento del traje del emperador? No estoy seguro de contarlo con detalle, pero aquí va.

«Esto era un emperador al que le gustaba mucho vestirse con trajes nuevos y exóticos. Una vez apareció delante de él uno de sus súbditos y le dijo: "Emperador, aquí tengo este traje para Vos. Se trata de un traje muy especial, ya que solamente la gente inteligente lo puede ver. Solo los muy inteligentes pueden ver este traje que os traigo". Y el emperador pensó: "Yo no lo veo, pero voy a ponérmelo porque, si no, se van a dar cuenta de que no soy tan listo como parece".

»El emperador se puso el traje y salió a pasear por el reino. Delante de la comitiva iba una persona que gritaba a los cuatro vientos: "¡El emperador hoy está paseando con un traje que solamente la gente que es muy inteligente puede ver!". Y todo el mundo decía: "Ah, qué bonito es el traje del emperador".

»Pero… ¡iba desnudo!

»Y todos decían: "¡Qué bonito es el traje del emperador, qué bonito, qué bonito!", porque nadie quería reconocer que no lo veía. Hasta que un niño inocente empezó a gritar: "¡El emperador está desnudo, el emperador está desnudo!". Y todo el mundo se calló. En ese momento, el emperador se dio cuenta de que había hecho el ridículo».

En esto que llamamos búsqueda hay muchas personas que se guían por claves como: «Fulano dijo tal cosa, yo no lo entendí, pero tengo que decir que lo entendí porque, de lo contrario, mis amigos, los de Facebook, los del grupo de meditación, van a decir que soy un tonto». Muchos se comportan así, y muchos falsos maestros viven de ello.

Aquí no vamos a hacer eso. Aquí vamos a decir «No hay traje». Y a partir de ahí vamos a ver qué hacemos y vamos a reconocer dónde estamos. Siempre insisto en que hay que saber reconocer dónde está uno y no aparentar, porque la apariencia nos lleva por donde no debemos ir, por donde aparentemente no queremos ir.

Hoy os voy a hablar también de algo que acostumbráis a preguntarme: «Si yo hago Atma Vichara, si me estoy rindiendo, si estoy abriéndome a la Gracia, si voy a Satsang, ¿por qué no avanzo como debería avanzar?, ¿por qué no avanzo como quisiera avanzar?». ¡Vamos a ver por qué! ¿Por qué puede ser eso? Llevo ya varios años en esto y por mis Satsang ha pasado mucha gente, así que he podido constatar que hay ciertos patrones que se repiten y que, normalmente, los que siguen esos patrones, al final, terminan yéndose: por una parte, frustrados porque no consiguen lo que están buscando y, por otra, porque son ellos mismos los que se colocan en esa situación.

Hay tres factores que normalmente están presentes cuando una persona se empieza a frustrar y a plantearse por qué no avanza y por qué no se libera.

El primero se da cuando una persona viene a Satsang, hace Atma Vichara, se rinde y se abre mentalmente. Al hacerlo mentalmente está involucrando a la mente. Y la mente, por supuesto, le va a decir: «Dámelo a mí, deja que lo haga yo, deja que sea yo la que haga todo esto». Y la persona, en algún momento, se deja engañar y se lo entrega todo a la mente para que lo haga. Así, lo que está haciendo es Atma Vichara con la mente, se está rindiendo con la mente, se está abriendo con la mente. Es decir, que está asistiendo a Satsang y está pensando: «¿Qué está diciendo Luis?». Y lo está procesando. Esa es una de las grandes zancadillas que la mente pone.

Hacer Atma Vichara o venir a Satsang no es empezar aquí, en la cabeza, y terminar aquí, en el corazón [Luis se lleva la mano a la cabeza y, luego, al corazón]. Es empezar en el corazón y sumergirse profundamente en el mismo corazón. Si uno empieza con la cabeza, no llega. Hay que empezar desde el corazón y seguir hacia dentro porque nada que venga de la mente va a ayudar a que seamos libres. Nada en absoluto.

(Largo silencio)

El segundo factor que se da con frecuencia, con muchísima frecuencia, es que la persona encuentra a su Maestro y este le dice lo que hay que hacer. Su Maestro le da un plan para subir a la montaña, pero la persona hace lo que le apetece, y lo que no le apetece no lo hace. Hace lo que le viene bien, lo que le gusta, pero lo otro, lo que no le apetece, no lo hace. Y esto funciona como un todo: cada cosa que el Maestro te dice que hagas es porque es importante, y todas ellas se apoyan entre sí. Si se hacen unas cosas y no se hacen otras, no va a funcionar. Si el Maestro dice que el camino es este, pero a esa persona no le apetece ir por él, no puede quejarse de que no avanza, ya que todo es un conjunto. Es más, las cosas que no nos apetecen, las cosas que no nos gustan, las cosas que no hacemos, son precisamente las más importantes porque son las que la mente no quiere que hagamos. Y si la mente no quiere que las hagamos es porque le perjudican; mientras tanto, la mente nos deja que hagamos otras cosas porque esas no le dan miedo.

Así pues, hay que hacerlo todo, tanto lo que apetece como lo que no apetece. El Maestro nunca nos dirá que hagamos algo o que dejemos de hacerlo porque le da la gana. No. Si el Maestro nos dice que hagamos algo es porque es importante. Todo lo que el Maestro dice es importante: no habla por hablar. No habla para engrandecer su *ego* porque no lo tiene. Hay que hacer lo que él dice. Y con más razón aquello que menos ganas tengamos de hacer, porque seguramente ahí estará la clave de por qué no se produce el avance que estamos buscando, o de por qué la libertad se ve tan lejana.

Avanzaremos algo, sí, no nos vamos a quedar donde estamos. Siempre va a haber un avance, pero no al nivel requerido, no al nivel necesario para llegar donde queremos llegar. Nos podemos conformar con ese pequeño «semiavance» y quedarnos ahí, pero si de verdad queremos ser libres, hay que hacerlo todo.

Si yo os digo que hagáis algo no es pura teoría, no es algo que haya leído, o que me hayan dicho. Si yo os digo que hagáis algo es porque yo vivo así. Yo vivo así todo el tiempo, y lo estoy compartiendo con vosotros. Si yo os digo que hagáis algo es porque yo lo hago, o porque lo hice y ya no tengo que hacerlo más. Yo no hablo de teorías. No os pongo a hacer cosas que yo no estuve dispuesto a hacer, o que no hice. Por eso comparto todo esto. Por eso os digo que es importante, porque yo pasé por ello.

(Largo silencio)

También suele pasar que hacéis lo que yo os digo cuando os da la gana y, otras veces, voluntariamente, hacéis todo lo contrario. Os mantenéis en silencio y de repente: «Ah, hoy me apetece salir con mis amigas y empezar a criticar a todo el mundo». Es decir, que voluntariamente estáis haciendo todo lo contrario. Eso tampoco funciona, aunque en otros momentos lo hagáis todo. Hay que hacerlo constantemente. Hay que vivirlo, hay que ser eso. Tienen que dejarte de gustar las cosas que hacías y que no te ayudaban.

(Descanso)

Os voy a pedir que durante unos minutos os unáis conmigo en un homenaje a un gran amigo, Alan Jacobs, que dejó su cuerpo el mes pasado, a los 90 años. Alan Jacobs fue presidente de la Fundación Ramana Maharshi de Inglaterra durante 30 años. Desde muy joven era un buscador. No llegó a conocer a Ramana, pero estuvo con Nisargadatta y conoció a Robert Adams en Sedona. Fue un amigo maravilloso. La primera vez que fui a impartir Satsang a Londres vino a verme y desayunamos juntos. Desde aquel día, cada vez que yo iba a Londres tratábamos de encontrarnos y pasar un tiempo juntos. La última vez comimos juntos en Hampstead, en su restaurante favorito, pero ya se veía que la demencia se estaba apoderando de él. Ahora bien, lo que él era seguía inmutable. Hagámosle un homenaje para que su Gracia siga impregnando a todos los buscadores sinceros.

(Largo silencio)

Y el tercer factor que retrasa, que impide, que ralentiza el proceso de liberación, es algo que ya hemos comentado en otras ocasiones. Se trata de la falta de compromiso. Esto es un trato. Un compromiso mutuo entre vosotros y vuestro Maestro. El Maestro se compromete a ayudaros a ser libres y vosotros os comprometéis a que a él no le falte nada. Tenéis que hacer todo lo que buenamente podáis por el Maestro, y eso no lo decide él. Yo asumo que vosotros estáis haciendo todo lo que podéis, no lo pongo en duda, pero esto es entre vosotros y la Gracia. ¿Estáis haciendo todo lo que podéis? Si no es así, hay un problema, porque existe un compromiso previo. Robert Adams siempre lo decía y lo repetía: «La relación Maestro-discípulo es un compromiso mutuo. Él se compromete a ayudarte a ser libre y tú te comprometes a hacer todo lo que puedas para que a él no le falte de nada».

Así tiene que ser. Mucha gente pide y quiere que le den. No hablo de vosotros, por supuesto, pero constantemente, en mi página web, en Facebook, en los vídeos de YouTube, la gente pide cosas. Pongo un vídeo en castellano y me preguntan: «¿Por qué no lo pones en inglés?», en vez de preguntar cómo pueden ayudar para que el mensaje también lo pueda escuchar gente de habla inglesa. Esa es la actitud correcta y no limitarse a decir cosas como: «¿Por qué no haces esto?», «¿Por qué no haces lo otro?». Para empezar, estas personas creen que todo esto se hace gratis y no piensan que detrás de mí hay un equipo que trabaja haciendo la página web, editando los vídeos, publicando mis libros…. Toda esa gente come y tienen familias que mantener. Pero no, ellos siguen: «¿Por qué no vienes a Chile? Ven a Chile porque tengo ganas de verte». ¡Organízalo, consigue gente y yo voy a Chile! Deja de pedir y cumple con tu parte.

Después, esas personas se preguntan por qué no avanzan: porque no están cumpliendo con su parte del trato. Y eso no lo decide el Maestro. El Maestro trata a todo el mundo por igual. Asume que todo el mundo hace lo que puede al máximo. Esto es algo entre vosotros y la Gracia. Y a la Gracia no se la engaña, es imposible. También hay detallitos que se pueden tener, como regalarle una flor al Maestro, incienso, cualquier cosa.

Este altavoz me lo regaló un chico alemán que vino al último retiro. Llegó con este regalo y, ahora, todos estáis disfrutándolo cuando pongo música. En otro Satsang me regaló un reloj. Él sabe que a mí me gustan los relojes y me trajo uno, porque pudo, y eso denota amor y aprecio. Y eso la Gracia lo ve. Vais a pensar: «Lo está diciendo porque quiere que le regalemos cosas...». ¡No! A quien beneficia todo esto es a vosotros, no a mí. Yo ya tengo un montón de relojes y de sombreros… Pero si me regaláis un sombrero, como el que me regalásteis por mi cumpleaños, yo lo veo como un acto de amor de vuestra parte. Y la Gracia lo va a ver también así, estad seguros. Haced lo que podáis. En algunos momentos vais a poder hacer más, en otros vais a poder hacer menos, pero siempre haced: una flor, un detalle. O bien unas palabritas, como: «Gracias, Luis».

Todo esto es importante. Yo sé que pagáis por venir a los eventos, pero… ¿es eso lo máximo que podéis hacer?, ¿es eso lo máximo que sale de vuestro corazón? Si no fuera importante, no os lo estaría diciendo. Yo siempre llegaba a Satsang con Robert Adams con algo para él. Robert llegaba y se encontraba una flor en su sillón, o se encontraba un incienso especial que había encontrado y que olía maravillosamente. Él llegaba y ese incienso estaba encendido. Hacía todo lo que podía: encontraba una fruta en el supermercado, unas cerezas que sabían muy bien, las compraba y se las llevaba. Todo eso te ayuda, y además es muy bonito. El amor hay que demostrarlo cumpliendo con vuestra parte.

La Coruña, 18 de Septiembre 2020.

<u>Los *Cambios*</u>

Pregunta: «¿Cómo sé si estoy avanzando en este camino espiritual?».

Luis: Si estás experimentando cambios, si estás viendo cosas que no veías, si estás sintiendo cosas que no sentías y estás sintiéndote de una forma mejor, es que estás avanzando. Si no hay cambios, si no ocurren cambios, no está pasando nada. Muchas personas quieren ser libres, pero no están dispuestas a cambiar. Quieren que todo siga igual y así no puede haber un avance. Es imposible. Para ser libres tenéis que cambiar, y al cambiar vosotros, vuestra relación con todo y con todos tiene necesariamente que cambiar. Si no, no estáis avanzando.

Si os sigue importando que los demás os quieran, si os sigue importando lo que los demás digan de vosotros, si os sigue importando lo que vuestra familia vaya a pensar, si os siguen importando los demás, no estáis avanzando. Cuando te liberas, te deja de importar lo que hagan los demás.

Si os siguen afectando las cosas que suceden en el mundo, si seguís sintiendo que algo está mal, si los demás os siguen afectando, si seguís permitiendo que el mundo os perturbe, no estáis avanzando. Cuando te liberas, te vuelves imperturbable.

Si seguís viviendo con miedo, si seguís teniendo miedo a pequeñas o a grandes cosas, no estáis avanzando. Cuando te liberas, el miedo desaparece por completo.

¿Qué hacer?

Pregunta: «En este nuevo camino en mi vida, ¿cómo sé lo que tengo que hacer?, ¿cómo sé qué hacer en cada momento?».

Luis: Es muy fácil. Cuando no sepas qué hacer, fíjate en qué te dice la sociedad que hagas, fíjate en qué te dicen tus amigos que hagas, fíjate en qué te dice la prensa que hagas, fíjate en qué te dice la televisión que hagas, y haz todo lo contrario. Hacer lo que el mundo te dice que hagas solo te lleva al sufrimiento.

Cuando tengas dudas, pregúntate: «¿Qué haría en esta situación si yo fuera totalmente libre?», y hazlo así.

La *Soledad*

Hay un momento en la búsqueda en que la soledad es importante: estar tranquilo, sin nada que te influencie, sin nada que te manipule. Una soledad que te permita hacer lo que sabes que debes hacer. Lo que tu corazón te dice que hagas.

¡Piérdele el miedo a la soledad! Empieza a disfrutar de la soledad porque, si avanzas, vas a estar solo. Aquí nadie avanza en manada, aquí no se avanza en grupo. Lo que quieres conseguir lo tienes que conseguir tú solo.

Conforme avanzas, el pasado, tu vida anterior, empezará a desaparecer, a alejarse. Si esto te preocupa, quiere decir que no estás avanzando y no sabes lo que quieres.

Ahora bien, también esto es una fase que cambia. Y, eventualmente, aparecerán nuevas amistades, nuevas formas de relacionarte con tu familia, nuevas formas de ver el mundo, nuevas formas de disfrutar las cosas. Pero tienes que tener paciencia, porque esas cosas van a pasar cuando tengan que pasar, siempre y cuando avances, siempre y cuando no te estanques, van a pasar. Tienen que pasar. Es lo que está diseñado por el universo para que pase, pero hay que tener paciencia.

El Espejismo

Misteriosamente despertamos en una habitación llena de espejos. Billones de ellos. Todos distorsionando nuestra imagen: forma, color, dirección.

La ilusión es tal que creemos que solo somos uno de los reflejos.

Perdidos en la confusión, luchamos por destacar. Queremos ser especiales, superiores.

Luchamos para protegernos de los otros reflejos: creemos que quieren quitarnos lo que es nuestro, dañarnos, engañarnos.

Vemos dolor, injusticia, violencia, muerte. Desaprobamos, juzgamos y odiamos.

Vivimos con miedo, luchamos sin descanso y sufrimos incesantemente.

Hasta que, misteriosamente, los billones de espejos se rompen y nos damos cuenta de que siempre ha habido una única realidad, una infinita Nada. Y que esa Nada soy «Yo».

Así que todo este tiempo me he estado mirando a mí mismo.

No puedo ayudarte

hasta *que* ...

Sé que estás cansado de sufrir, cansado de vivir con miedo, cansado de ignorar. Lo sé, pero por más que quiera no puedo ayudarte:

Hasta que te canses de leer textos sin aplicarlos a tu vida diaria.

Hasta que te canses de repetir como un lorito cosas que no has experimentado.

Hasta que te canses de intercambiar textos y vídeos en Facebook.

Hasta que te canses de adorar a los Maestros muertos como si fueran dioses, a pesar de que ellos mismos siempre han dicho que no lo hagas.

Hasta que te canses de aparentar que sabes.

Hasta que te canses de coleccionar Maestros, técnicas y lugares.

Hasta que te canses de repetir lo mismo una y otra vez sin avanzar.

Hasta que te canses de querer ser un Maestro antes de ser libre.

Hasta que te canses de permitir que la mente sea tu compañera de búsqueda.

Hasta que te canses de engañarte.

Hasta que te hartes y te canses no puedo hacer nada por ti más que entenderte y darte mi amor, pero no puedo ayudarte a encontrar lo que dices buscar.

Tus posibilidades de vivir en paz, sin miedo consciente, son inversamente proporcionales a la cantidad de basura «espiritual» que has metido en tu cabeza.

Hártate, cánsate y la Gracia te ayudará.

217

Luis de Santiago

Agradecimientos

Este libro no hubiera sido posible sin la ayuda de muchas personas, mis colaboradores. Voluntarios que me ayudan en esta tarea que la Gracia me ha encomendado: Javi, Luisa, Bastian y Roger, han llevado el peso del trabajo pero muchos otros han colaborado también de una u otra forma. A todos mi más profundo agradecimiento.

A Helena, mi compañera, por sus amorosos cuidados cuando mi salud lo requería y por sus sabios consejos siempre que se los pedí.

Finalmente, a todos los que asistís a Satsang por hacerme sentir que todo este trabajo vale la pena.

Os amo incondicionalmente.

Luis